■ *Collection mille-pattes*

1 / Pliages : contes et fables en origami
2 / Les empreintes du corps (technique de la bande plâtrée)
4 / Ornements de fête
5 / Déguisements pour les petits (de 4 à 8 ans)
6 / Petits loups, petits masques
11 / Fleurs séchées, de la cueillette au bouquet
13 / Chapeaux de fête
14 / Maquillages d'enfants
15 / Petits modèles en pâte à sel
16 / Animaux en papier : pliages et découpages
17 / Théâtre en papier d'hier et d'aujourd'hui
19 / Bateaux en bouteilles
20 / Petits cadeaux à ma façon
21 / Pliages 2 : histoires à raconter
23 / Costumes du temps jadis, de la Révolution à la Belle Époque
24 / Masques et parures en papier crépon
26 / Œufs décorés, tradition et création
28 / Perles, perles, perles
31 / Poupées câlin, poupées colère
32 / Cartes de vœux en soie
34 / Costumes fantastiques
35 / Maxi-pliages pour jouer et décorer
37 / Boîtes-mystères en papier et carton
38 / Cadeaux et bricoles avec des éléments naturels
40 / Coiffures et maquillages pour soirées pas ordinaires
42 / Pâtes à modeler multicolores
43 / Bolides tout-terrain avec trois fois rien
44 / Petits ouvrages en patchwork
45 / Pliages 3 : Alice au pays d'Origami
46 / Théâtre d'ombres : silhouettes, éclairage, scénarios
47 / Modelages : figurines de terre et de pâtes à modeler
48 / Têtes surprises
49 / Coiffes qui décoiffent
50 / Coquillages et galets peints
51 / Œufs en fête
52 / Petites bêtes en papier
53 / Bijoux fantaisie en perles rocaille et autres matériaux
54 / Personnages naïfs en pâte à sel
55 / Sport et nature en pâte à sel
56 / Animaux et acrobates en pâte à sel
57 / Bricolages de carton
58 / Masques d'animaux en carton souple
59 / Déguisements surprises
60 / Sculptures de papier
61 / Papiers faits à la main
62 / Petits modèles en bois
63 / Papier mâché inattendu
64 / Pliages de dinosaures
65 / Collages de perles rocaille
66 / Petits santons en pâte à sel
67 / Patchwork rapide
68 / La pâte à sel, c'est facile
69 / Fêtes enfantines
70 / Déguisements d'un jour pour les petits
71 / Petit monde de papier
72 / Trésors des papiers collés
73 / Animaux en carton ondulé
74 / Patchwork et appliqué pour Noël
75 / Boules de Noël
76 / Tout décorer à la cuve
77 / Peinture sur soie : premiers modèles
78 / Bracelets brésiliens
79 / Albums et calepins : fabrication, décor
80 / Cadeaux-déco
81 / Noël en couleurs
82 / Petites poupées en pâte à sel
83 / Pâte à sel pour Noël

collection mille-pattes

PETITES POUPÉES
EN PÂTE À SEL

Modèles, illustrations, photos : Catherine Baillaud

FLEURUS
IDÉES

Editions Fleurus, 11, rue Duguay-Trouin, 75006 Paris

Introduction

Fabriquer sa poupée, quel plaisir lorsqu'on sait que l'on va pouvoir jouer avec, ou l'offrir, en tout cas la faire vivre. Quelle surprise aussi de parvenir à un tel résultat en si peu de temps, avec si peu de moyens. Certes, ces poupées en pâte à sel sont périssables, mais pas plus fragiles et pas moins belles que celles que l'on faisait en porcelaine, réservées à ceux qui en avaient les moyens.

Alors voici des poupées à la portée de chacun, à faire vivre dans vos mains, et à conserver longtemps peut-être, à moins que cela ne vous démange de les recommencer, pour qu'elles soient chaque fois plus belles, chaque fois plus réussies.
Tous les modèles présentés ici sont très faciles à réaliser et peuvent être faits par de petits enfants, ***sous la conduite d'un adulte****, à l'école ou à la maison. Bien sûr, il ne faudra pas leur demander une finition et une copie parfaites, mais les principes présentés ici sont à leur portée, ils sauront en tirer parti et créer des poupées originales.*

Ces modèles s'adapteront, de plus, à toutes les interprétations et transformations. C'est déjà un jeu d'enfant de fabriquer ces poupées, c'en sera un autre de les habiller, de les mettre en scène. Il suffit pour commencer d'un peu de farine et de sel...

Recette de la pâte à sel
Il faut : un verre de sel fin, deux verres de farine ordinaire, le moins d'eau possible pour obtenir une pâte stable.

Voici de quoi commencer vos modelages. Cette quantité est suffisante pour le mélange à la main, car l'important est de mettre juste assez d'eau en fonction de vos mains, de l'humidité de l'air, de la qualité de la farine. Ne pas fabriquer trop de pâte à la fois, car plus on en fait, plus on a tendance à la mouiller, pour faciliter le mélange. Le secret de beaux résultats en pâte à sel : une pâte souple et ferme.
Souplesse. Plus la pâte est souple, plus elle se déforme et s'étire, plus elle s'affaisse et gonfle lors de la cuisson, plus il faut être soigneux car elle enregistre tous les défauts.
Fermeté. Une pâte ferme semble plus difficile à travailler mais la chaleur et le travail de la main vont l'assouplir et vous permettre de réaliser les plus beaux drapés, des volumes parfaits qui restent intacts lorsqu'on les déplace. Se rappeler aussi qu'une pâte ferme cuit plus vite, et mieux. Une pâte idéale ne colle pas, ne salit pas, ne s'émiette pas. Elle ne nécessite sur la table de travail, ni eau, ni farine. Il faut simplement se rincer fréquemment les mains, et les essuyer.

Le modelage
Le modelage se fait à partir de volumes roulés entre les mains, entre les doigts, ou sur la table avec la main. Les volumes

doivent être parfaits et rester intacts, d'autant plus que la poupée est un objet en trois dimensions : on va la regarder de face, mais aussi de profil, de trois-quarts et de dos ! Rouler la pâte rend celle-ci homogène et capable de supporter la chaleur du four.

Les soudures
Elles se font par le contact humide de volumes juxtaposés, lors de la cuisson. Si la pâte n'adhère pas assez, humecter d'un petit coup de langue le point de soudure. Éviter de travailler avec de l'eau sur la table car la tentation est d'en mettre trop, ce qui ramollit la pâte et y laisse des taches.
Ne surtout pas laisser la pâte dessécher à l'air : la protéger sous un film de plastique. De même, les modelages terminés seront aussitôt mis sous plastique en attendant l'heure de la cuisson.
Travailler sur une surface lisse et nette. Ramasser les chutes de pâte desséchée et les remettre en boule avec une goutte d'eau. Rien ne se perd !

La cuisson
Elle se fait au four à gaz ou au four électrique, et demande de 30 min à 2 heures, selon la température et le remplissage du four.
Température du four. Plus le four est plein, plus il peut être chaud. Un four moins rempli demandera une température moindre (150 à 180°). La cuisson à four chaud a pour effet de transformer la pâte et de lui donner un aspect inégalable. Il faut alors toujours surveiller la fournée, déplacer les modelages, les serrer au maximum, retirer le papier d'aluminium dès que possible. Avec l'habitude, on peut cuire à plus de 200°, ce qui fait gagner du temps et donne un résultat de qualité. S'exercer pour commencer avec des cuissons à four moyen pour tester son four.
Pour remplir le four, préparer à l'avance une série de modelages, que l'on enferme aussitôt sous un film plastique ; ou encore se regrouper autour d'une table de modelage, en famille, entre amis, à l'école, le four sera vite plein ! On assiste alors à la cuisson et, en une séance, on peut peindre et terminer l'objet modelé.

Les réparations
Il n'est pas rare que des fissures ou des éclatements apparaissent, lors de la cuisson, sous les volumes de pâte. Cela peut être gênant sous une jambe ou un bras, mais cela se répare aisément : remplir la fissure avec de la pâte fraîche. La réparation séchera encore plus vite sur le modelage tout juste sorti du four. Poncer ensuite et colorer discrètement la réparation à l'aquarelle légère, de façon à la rendre invisible.

La couleur
Préférer, pour les enfants, les pastilles de couleur à l'eau, et pour les plus grands, les aquarelles en pastilles. Ces couleurs à l'eau sont infiniment commodes et faciles d'emploi. Bien diluées, elles s'étendent facilement, ce qui n'est pas le cas de la gouache qui forme une croûte en surface et craquelle. Elles restent fraîches et intenses avec les années et ne dénaturent pas la pâte à sel dont elles laissent apparents le grain et la texture.
En revanche, pour le blanc, qui doit être couvrant, utiliser une gouache de qualité dite « extra-fine », pour ne pas qu'elle craquelle.
Les pinceaux. Choisir des pinceaux en poils de petit gris ou poney (numéros 16 à 20). L'épaisseur du poil permet une bonne réserve de couleur, la pointe très fine un travail raffiné ; la souplesse de ces pinceaux rend possible l'accès des recoins les plus difficiles.
L'encre et la plume
L'encre de Chine et la plume d'écolier exigent un certain exercice mais donnent les plus beaux résultats. On peut les remplacer par des feutres fins.

Le vernis
Les poupées souvent manipulées peuvent être vernies pour protéger leurs couleurs et les rendre plus solides. Choisir un vernis à bois extérieur et poser deux couches avant le montage pour les poupées qui ne sont pas faites d'une seule pièce. Faire auparavant quelques essais sur les décors faits aux feutres, que le vernis peut parfois dissoudre.

En cas de casse
En général la pâte à sel se brise net et se colle très facilement. Préférer une colle instantanée pour des réparations invisibles.

■ *Petits baigneurs* *(6 à 9 cm)*

Ces petits baigneurs, populaires en Chine, sont extrêmement simples et peuvent être réalisés à partir de 3 ans. On peut les peindre mais aussi se contenter d'indiquer les yeux avec une petite pointe, et les habiller d'un petit triangle de tissu.

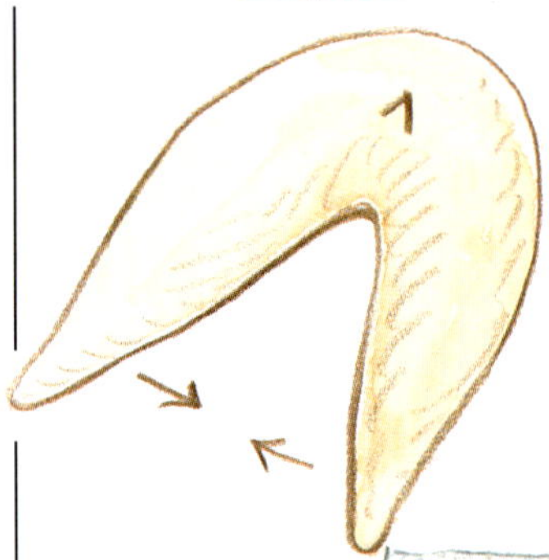

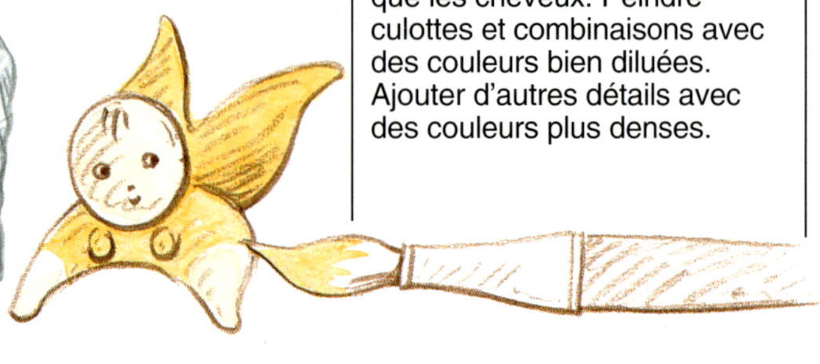

1. Préparer trois boules de pâte de taille décroissante.
2. Bien les rouler entre les mains pour faire disparaître toute fissure ou défaut. Allonger alors les deux plus grosses (1 et 2) en affinant leurs extrémités et en conservant une certaine épaisseur au centre.
3. Former avec 1 et 2 des croissants que l'on dépose « dos à dos » sur la feuille d'aluminium, de façon à ce qu'ils se soudent. Penser à humecter (un petit coup de langue !) le point de soudure.
4. Faire la tête avec la troisième boule, l'allonger très légèrement. La déposer verticalement sur le volume des bras, en humectant le point de soudure si la pâte n'adhère pas suffisamment. La tête peut s'adosser légèrement au volume des jambes.
5. Ajouter, sous forme de petites boules préparées entre le pouce et l'index, des boutons, des couettes, des rubans...
6. Protéger de l'air sous un film plastique et faire une collection de baigneurs, de tailles variées, avant d'enfourner (four moyen à chaud selon la quantité de sujets).
7. Déplacer les baigneurs en cours de cuisson et, dès que possible, retirer l'aluminium pour permettre une meilleure évacuation de l'humidité. Sortir les baigneurs au fur et à mesure, s'ils sont bien durs partout.
8. Dessiner le visage à la plume ou au feutre fin, ainsi que les cheveux. Peindre culottes et combinaisons avec des couleurs bien diluées. Ajouter d'autres détails avec des couleurs plus denses.

Ces petits baigneurs potelés sont très faciles à réaliser.

Bébés à suspendre *(5 à 7 cm)*

Ces petites poupées sont munies d'une attache pour pouvoir être suspendues. Elles peuvent être réalisées à partir de 3-4 ans.

Matériel
Pâte à sel,
– couteau,
– ciseaux,
– ficelle végétale très fine.

Temps de cuisson. Entre 20 et 60 min selon la taille et le nombre de sujets. Plus ils seront petits, mieux ils supporteront un four bien chaud et, bien sûr, plus vite ils seront cuits, sous surveillance constante.

Attaches
Les attaches sont faites d'un petit morceau de ficelle maintenu par une pastille de pâte.
Couper la ficelle en morceaux de 3 à 4 cm. Plier chaque morceau en deux, en croiser les extrémités, et poser celles-ci sur une petite pastille de pâte. Cette attache sera fixée sous la tête ou le berceau des petits bébés.
Vérifier que la ficelle dépasse au-dessus du petit sujet, ou alors protéger la boucle avec un morceau de papier d'aluminium qui l'empêchera de coller à la pâte durant la cuisson.

Bébés
Ils sont formés de deux boules de pâte plus ou moins allongées. La soudure se fait à la cuisson. Les petits sacs de couchage sont en pâte aplatie coupée au format désiré.
Toutes les découpes sont à nouveau aplaties pour donner au pourtour un aspect soigné.
Procéder alors de la façon suivante :
– poser l'attache sur le papier d'aluminium,
– ajouter le berceau ou le sac de couchage ouvert, y mettre le bébé et rabattre la couverture.
Préparer une série de sujets avant de les faire cuire tous ensemble, bien serrés.
Surveiller et retirer au fur et à mesure ce qui est cuit.
Dessiner les visages (à l'encre avec la plume, à l'aquarelle avec la pointe du pinceau) et peindre ensuite les berceaux et les couvertures. Habiller les bébés de touches de couleurs, ou de tout autre matériau : papier imprimé, tissu, feuille.

Petits poupons à offrir avec du sel, en cadeau de naissance.

■ *Pantin et bébés en papillotes*

PANTIN ARTICULÉ (20 cm)

Il peut être réalisé à partir de 3-4 ans, sous la conduite d'un adulte, et en groupe. Le nombre de pièces de ce pantin fait sa souplesse. Il est fait comme un collier, avec des pastilles de pâte enfilées sur un fil.

Matériel
Pâte à sel,
– paille ou bâtonnet pour faire les trous,
– couteau,
– ficelle fine,
– ciseaux,
– colle instantanée.

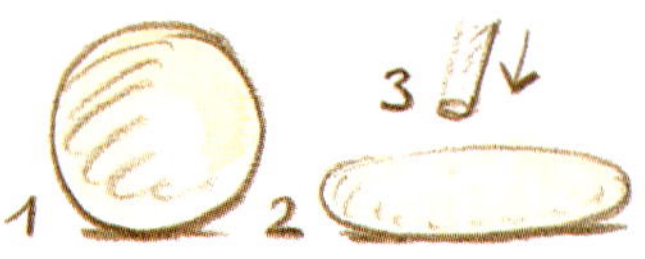

Pastilles de pâte
1. Former une boule sans défaut.
2. Aplatir la boule avec la paume de la main.
3. La trouer au centre avec un bâtonnet. Former des pastilles de taille identique, et des pastilles de tailles variées, en assez grand nombre pour avoir du choix lors du montage. Les percer au centre, sauf celles du ventre, au diamètre plus large, qui seront percées de deux trous. Pour faire l'entrejambe ajouter, entre les deux trous d'une de ces pastilles, un morceau de pâte triangulaire.
4. Déposer toutes ces pastilles, bien serrées, sur une feuille d'aluminium à l'aide de la lame d'un couteau, et protéger de l'air avec un film plastique.

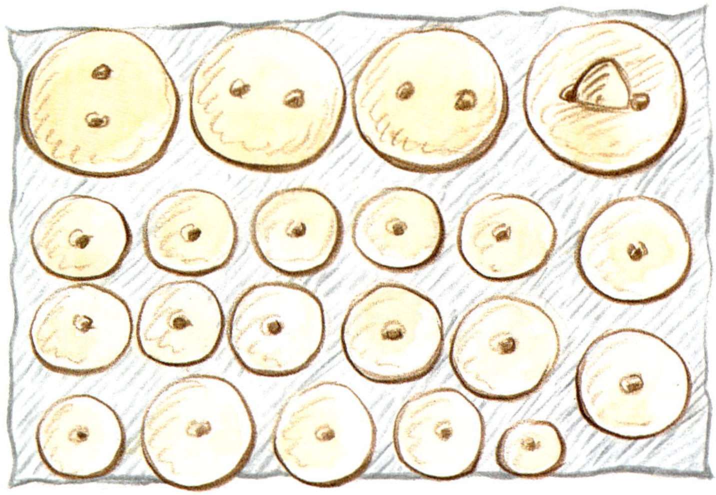

Pieds. Former deux boules, les allonger un peu et déposer dessus une pastille de pâte pour la cheville.

Mains. À partir d'une boule de pâte bien allongée et coupée en deux : aplatir légèrement l'extrémité arrondie et marquer le pouce sur le côté, avec le couteau. Ajouter des pastilles de pâte sur le poignet.

Tête et buste. Préparer une boule pour la tête, ajouter quelques pastilles de taille décroissante pour le chapeau, deux autres pour le col. Former un rouleau de pâte pour les épaules. Ajouter, pour amorcer les bras, deux pastilles à chaque épaule, et pour amorcer le ventre une plus grosse pastille sous le buste, de la taille de celles qui ont été préparées pour le ventre.

Cuire tous les éléments. Retirer les pastilles dès qu'elles sont cuites. Au besoin, rectifier les trous avec une vrille ou une grosse aiguille.

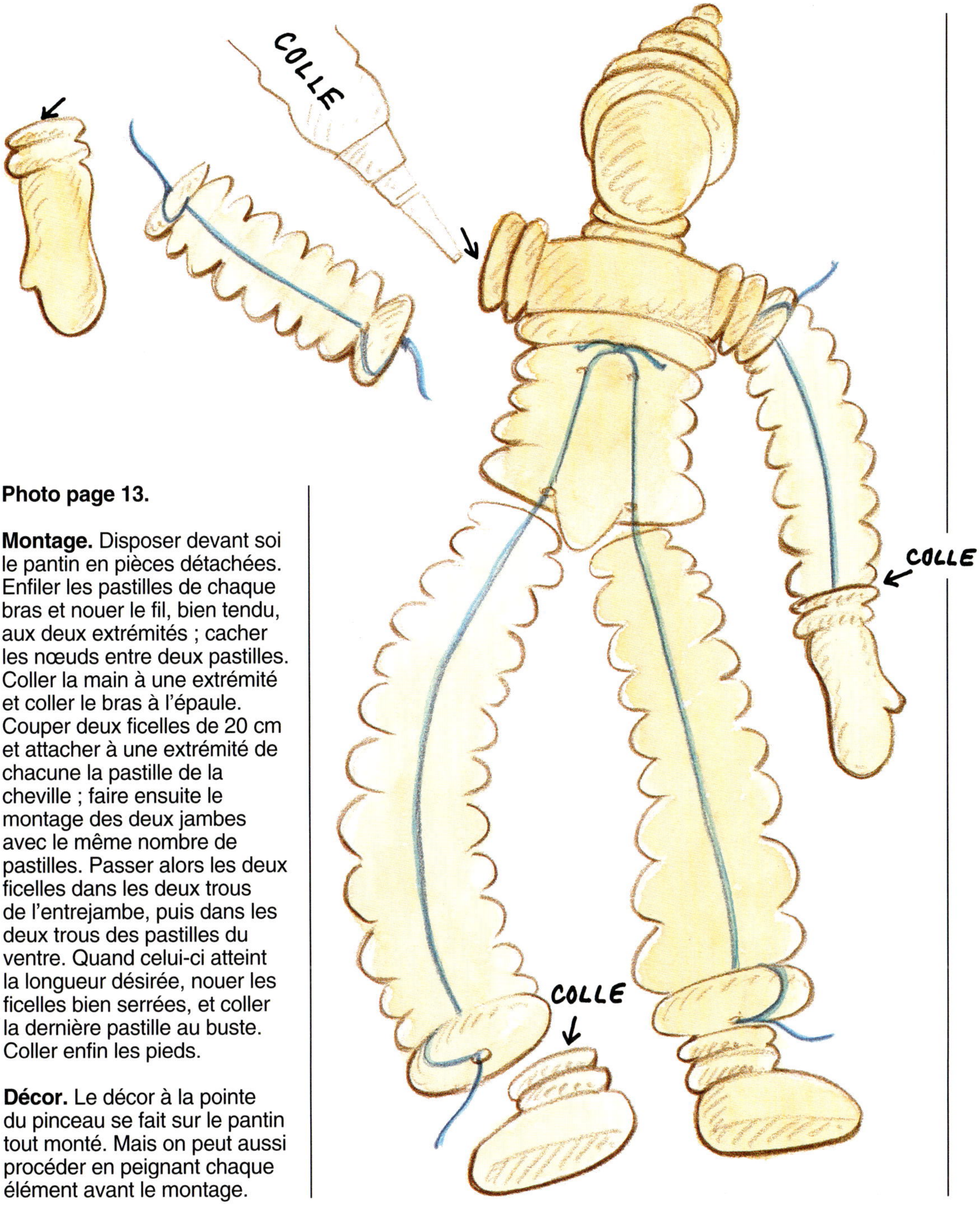

Photo page 13.

Montage. Disposer devant soi le pantin en pièces détachées. Enfiler les pastilles de chaque bras et nouer le fil, bien tendu, aux deux extrémités ; cacher les nœuds entre deux pastilles. Coller la main à une extrémité et coller le bras à l'épaule. Couper deux ficelles de 20 cm et attacher à une extrémité de chacune la pastille de la cheville ; faire ensuite le montage des deux jambes avec le même nombre de pastilles. Passer alors les deux ficelles dans les deux trous de l'entrejambe, puis dans les deux trous des pastilles du ventre. Quand celui-ci atteint la longueur désirée, nouer les ficelles bien serrées, et coller la dernière pastille au buste. Coller enfin les pieds.

Décor. Le décor à la pointe du pinceau se fait sur le pantin tout monté. Mais on peut aussi procéder en peignant chaque élément avant le montage.

■ *Pantin et bébés en papillotes*

BÉBÉS EN PAPILLOTES (4 cm)

Voici une présentation très simple qui protège la pâte à sel et la met en valeur. Ces bébés peuvent être réalisés à partir de 3-4 ans.

Matériel
Pâte à sel,
– imprimés découpés dans des magazines ou du tissu,
– cellophane à confiture (en feuilles entières ou en demi-feuilles selon la taille des sujets).

1. Former les bébés à partir de boules : une petite boule ronde pour la tête, une plus grosse pour le corps, qu'on allonge en forme d'œuf, de poire... Si l'on procède à partir d'une seule boule, on sépare la tête du corps en roulant la pâte entre les deux index et l'on resserre ceux-ci progressivement pour marquer le cou.
2. Cuire une série de bébés, les laisser refroidir pour dessiner les visages. Ajouter des touches de couleurs vives sur les ventres, ou coller, pour les habiller : tissu, papier, feuilles.
3. Poser chaque bébé sur une feuille (ou demi-feuille) de cellophane à confiture. L'enrouler bien serré et fermer la papillote par une ou deux torsions au pied et à la tête.

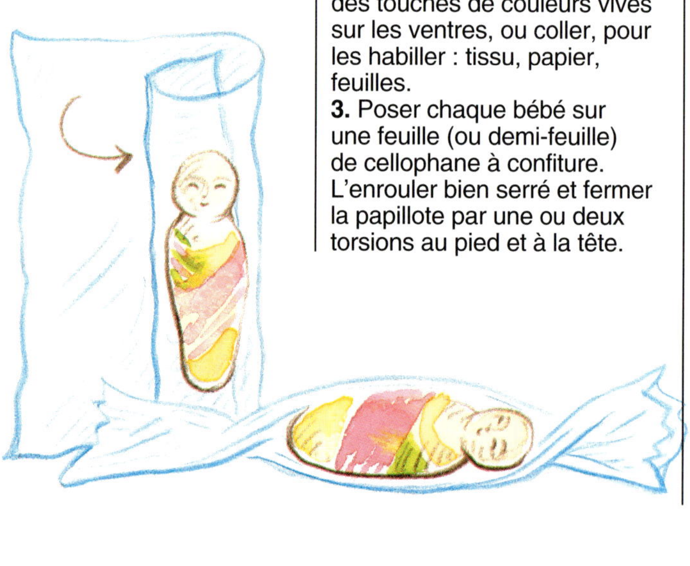

Pantin articulé (20 cm) et bébés en papillotes (4 cm).

■ *Poupées debout* (4 à 14 cm)

POUPÉES-PIONS (4 cm) ET POUPÉES-BISOUS (5 cm)

Ces mini-poupées simplifiées à l'extrême peuvent servir dans des jeux de société, des maquettes... Elles peuvent être faites à partir de 3-4 ans.

Matériel
Pâte à sel,
– couteau.

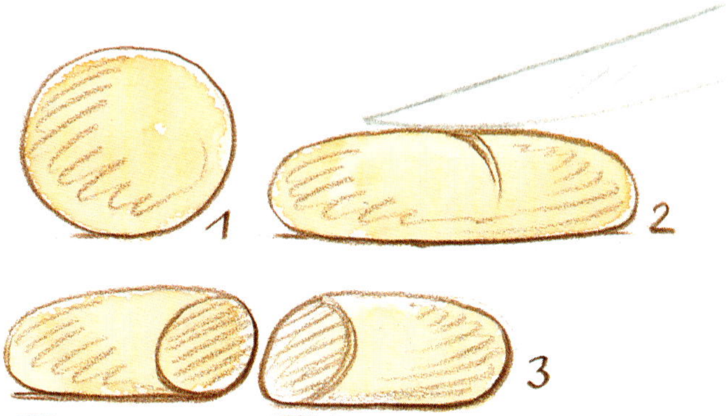

Corps. Former une belle boule, l'allonger et la couper en deux ; on obtient ainsi deux ventres à la fois. Rouler à nouveau chaque morceau pour que sa section soit bien ronde et bien stable. Disposer sur l'aluminium.
Tête. Former de petites boules bien rondes, puis pincées si l'on veut des oreilles de chat, étirées en cône si l'on veut un bonnet pointu, surmontées de boulettes pour faire des oreilles rondes, des pompons.
Cuire et retailler la base au couteau si elle n'est pas stable.
Peindre tout d'abord l'ensemble d'une ou plusieurs couleurs en réservant le visage. Terminer par les yeux et la bouche sur le visage laissé nature.
Vernir si ces poupées doivent être souvent manipulées.

En haut. Poupées-pions (4 cm) et poupées-bisous (5 cm).
En bas. Mère-Baba (14 cm) et famille de poupées (8 à 12 cm).

■ *Poupées debout*

FAMILLES DE POUPÉES (8 à 12 cm)

Toujours sur le principe de boules juxtaposées, et de pièces roulées et modelées dans les mains, voici des poupées dont la base est tranchée au couteau ; la station verticale sera possible après cuisson. La poupée est couchée lors de sa fabrication. Elles peuvent être réalisées à partir de 3-4 ans sous la conduite d'un adulte.

Photos page 15.

Matériel
Pâte à sel,
– couteau.

1. Modeler chaque élément à partir d'une boule. Allonger celle-ci, l'aplatir ou encore l'affiner entre les mains. Veiller à ce que les soudures soient efficaces et les bases suffisamment larges pour supporter le personnage.
2. Trancher la base avec le couteau en veillant à ne pas l'écraser.
3. Cuire une collection de poupées ; les retailler au besoin si elles ne tiennent pas parfaitement en équilibre, à l'aide d'un bon couteau sur une planche à pain.
4. Peindre et vernir à volonté.

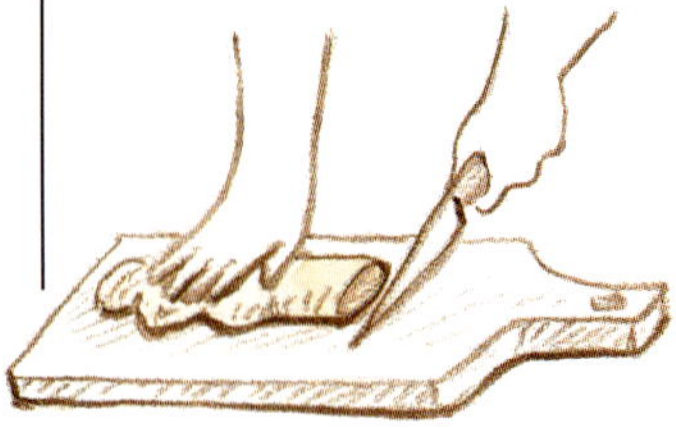

MÈRE-BABA (14 cm)

Cette poupée s'ouvre et son bébé, rangé dans son ventre, peut être posé en équilibre dans ses bras !
À partir de 5-6 ans.

Photos pages 15 et 19.

Matériel
Pâte à sel,
– couteau,
– aluminium,
– 1 cannelloni,
– 1 petite bande de bristol,
– colle.

1. Couper le cannelloni en deux, à l'aide d'un couteau-scie. Procéder lentement en marquant progressivement le pourtour du cannelloni.
2. Fermer l'extrémité de chaque morceau avec du papier d'aluminium et enrouler le tout dans un morceau de pâte de 5 mm d'épaisseur.

Bas de la poupée. Couper la pâte à la hauteur du cannelloni et ajouter une rondelle de pâte pour former le fond. Ajouter à volonté des décors en pâte pour habiller la jupe.
Haut de la poupée. Froncer la pâte dans laquelle on a enroulé le cannelloni pour fermer le volume et façonner le cou. Couper l'excédent de pâte et ajouter la tête. Compléter avec les cheveux faits de rouleaux de pâte et les bras qui ne doivent pas dépasser le bas du cannelloni.
Bébé. Modeler le bébé en tenant compte de la cavité dans laquelle il doit pouvoir être rangé.

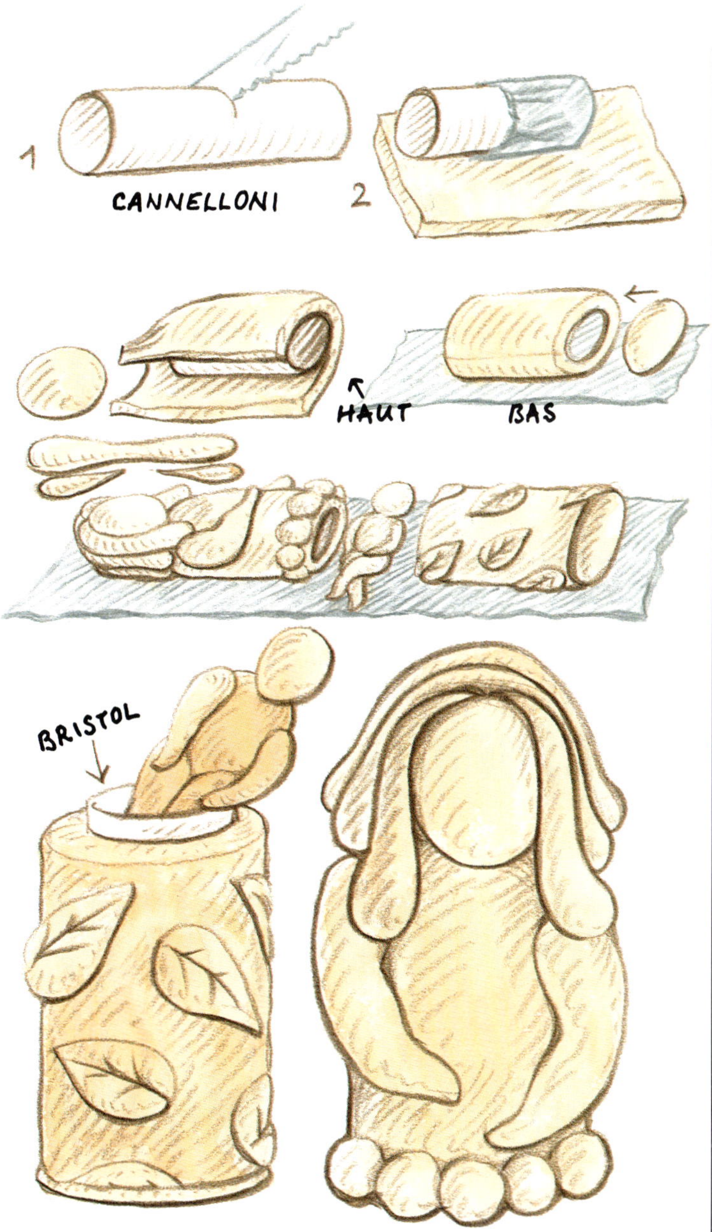

Cuire les trois éléments, couchés, avec d'autres modelages afin de pouvoir augmenter la température de la cuisson. Retirer le bébé avant qu'il ne soit trop coloré.

Peindre et décorer à la plume ou au pinceau. Coller le nœud en tissu. Coller à l'intérieur de la base une languette de bristol qui rendra la fermeture plus efficace.

■ *Poupées assises* *(3 à 8 cm)*

Plus ces poupées sont petites, plus il est possible de les fabriquer directement assises : les volumes sont légers et tiennent en équilibre sans s'écraser, ni s'affaisser.
À partir de 4 ans.

POUPÉES TOUT EN PÂTE

Matériel
Pâte à sel,
– aluminium en rouleau.

Petite poupée (jusqu'à 4 cm)
Former le ventre avec une boule. Ajouter les jambes sur le devant, les couvrir au besoin d'une petite jupe (fine lanière de pâte). Former les bras avec des petits morceaux de pâte roulés et allongés entre pouce et index, les ajuster le long du corps.
Ajouter un petit col, et enfin la tête. Elle doit tenir en équilibre, après avoir été légèrement humectée.
Une astuce : pour éviter le déplacement de la tête lors de la cuisson, placer deux petites poupées dos à dos, simplement séparées par un petit morceau d'aluminium, ce qui permet d'incliner davantage la tête en arrière. Il n'est pas du tout besoin de les appuyer l'une contre l'autre pour qu'elles se soutiennent.

Poupée assise (4 à 8 cm)
En raison du poids et de la taille de ses volumes, cette poupée est fabriquée couchée. Poser le ventre sur l'aluminium. Ajouter la tête contre le ventre en l'humectant légèrement. Disposer les jambes que l'on fait tenir en l'air contre une cale en pâte recouverte d'un peu d'aluminium ; elles doivent être assez courtes et épaisses. Terminer par les bras qui prendront appui sur les cuisses ou le ventre.
Cuire une série de sujets. Peindre et décorer à la plume. Coller des cheveux (ici un morceau de cordon tressé, noué aux extrémités, et effiloché).

POUPÉE-FIL DE FER (11 cm)

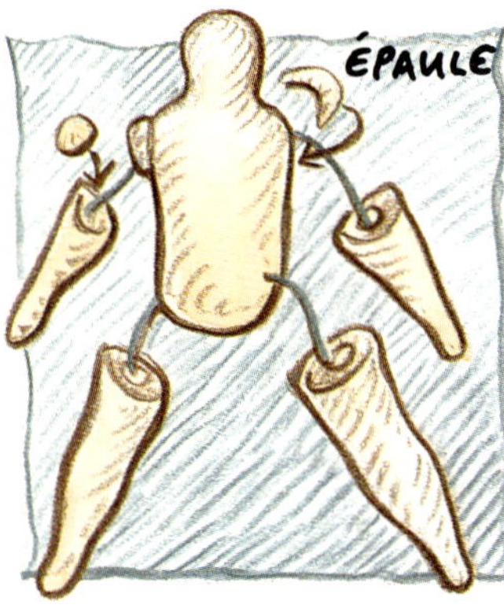

Les bras et les jambes de cette poupée sont mobiles grâce au fil de fer. On peut aussi utiliser des ressorts métalliques.
À partir de 4 ans.

Matériel
Pâte à sel,
– couteau,
– fil de fer.

1. Former la tête et le corps avec un seul morceau de pâte roulée entre les mains. Rouler le cou en resserrant les index autour de la pâte.
2. Couper, avec des ciseaux de cuisine, le fil de fer ou de laiton. Un morceau servira aux deux bras, un autre aux deux jambes. En glisser un morceau dans la poupée au niveau des épaules, un autre au niveau des hanches.
3. Former bras et jambes à partir de deux boules allongées puis coupées en deux. Enfoncer assez profondément chaque membre sur les tiges de fil de fer, et rajouter un peu de pâte à l'endroit où le fil entre dans la jambe pour le bloquer. Ajouter une petite épaule pour maintenir chaque bras.
4. Cuire et décorer la poupée aux membres articulés. L'habiller de façon à cacher les articulations.

En haut. Poupées fil de fer (11 cm) et Mère-Baba ouverte.
En bas. Poupées assises 3 cm et 8 cm.

■ *Poupons au berceau* *(8 à 9 cm)*

**Ces poupons sont faits très simplement (à partir de 4 ans) et doivent leurs attitudes à quelques supports en pâte présents durant la cuisson.
Les petits lits peuvent être réalisés à partir de boîtes toutes prêtes.**

Matériel
Pâte à sel
pour les berceaux :
– carton-plume mince,
– cutter,
– colle.

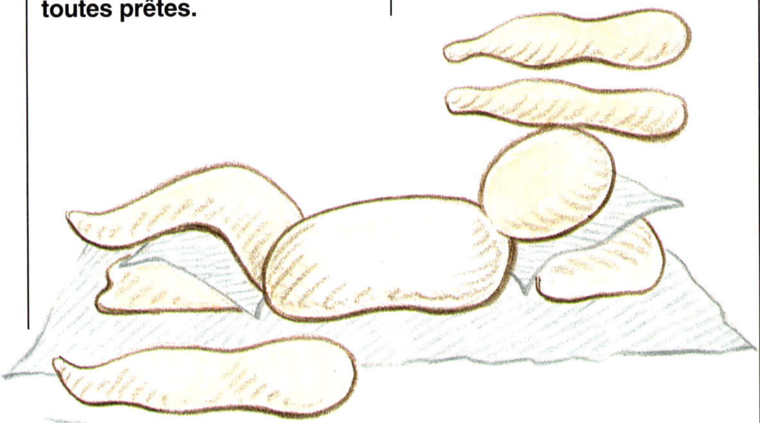

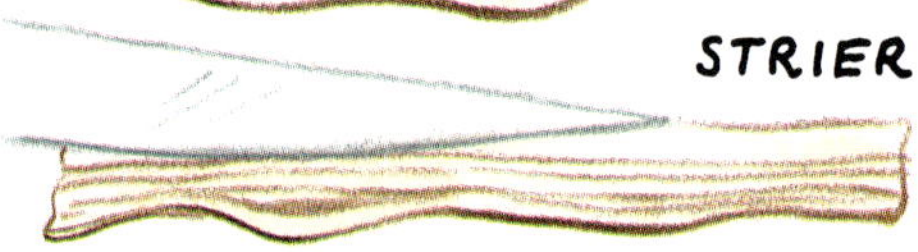

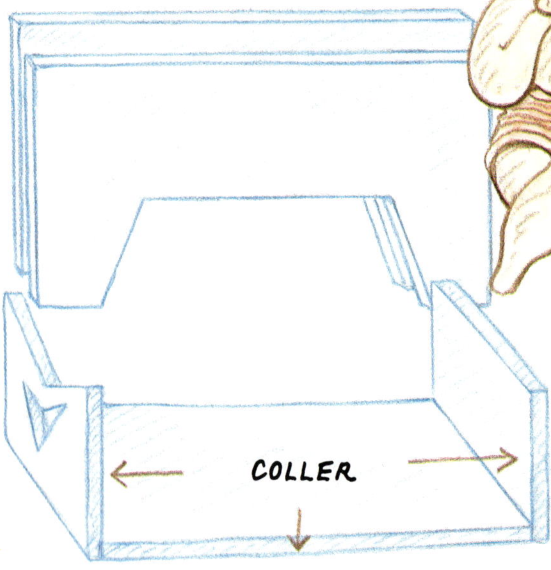

Poupon
1. Former le corps à partir d'une boule allongée. Préparer à volonté des petites cales pour la tête et les jambes, avec un peu de pâte et un petit morceau de papier d'aluminium par-dessus.
2. Former la tête avec une boule de pâte, l'humecter à l'endroit où l'on veut la fixer, et l'ajouter au corps. Disposer la tête en lui donnant l'attitude voulue, et en déplaçant éventuellement la cale. Modeler les bras et les jambes en indiquant légèrement le coude et le poignet, le genou et la cheville (pour cela, il suffit d'ajouter un peu de pression avec l'index à ces endroits, tout en continuant à rouler le bras ou la jambe).
3. Ajouter bras et jambes. Si l'on veut maintenir la pliure du bras, humecter légèrement la main pour la fixer sur le ventre ou le visage. Les jambes, placées l'une sur l'autre, auront d'elles-mêmes un mouvement vivant.
4. La petite culotte peut être ajoutée. Elle est faite d'un petit triangle de pâte bien fine ou d'une bande de pâte striée au couteau. Sinon, coller un petit triangle de jersey après la cuisson.

Berceau
Couper les éléments à l'aide d'une règle et d'un cutter, dans du carton-plume de 3 mm d'épaisseur. Coller la tête et le pied du lit, puis les montants avec les pieds. Garnir d'un petit drap et d'un oreiller, finir avec un joli ruban.

Poupons au berceau (8 à 9 cm).

■ *Poupées-mouchoir* *(16 et 12 cm)*

Mi-souples, mi-dures, ces poupées se font en un rien de temps et tiennent assises toutes seules. Elles peuvent être réalisées à partir de 3 ans pour le modelage. Elles ne nécessitent ni couture, ni collage.

Matériel
Un mouchoir d'homme,
– 9 petits élastiques en caoutchouc,
– ciseaux.

Modelage. Fabriquer la tête et le corps à partir d'une ou deux boules de pâte.
Après cuisson, peindre les cheveux et finir le visage.

Visage. Placer les yeux en peignant deux petits ronds blancs à la gouache. Tracer ensuite le pourtour des yeux en noir, puis ajouter un petit rond noir sur le côté de l'œil. Ajouter enfin sourcils, nez et bouche.

Poupée-mouchoir (16 cm) et poupée ailée (12 cm).

■ Poupées-mouchoirs

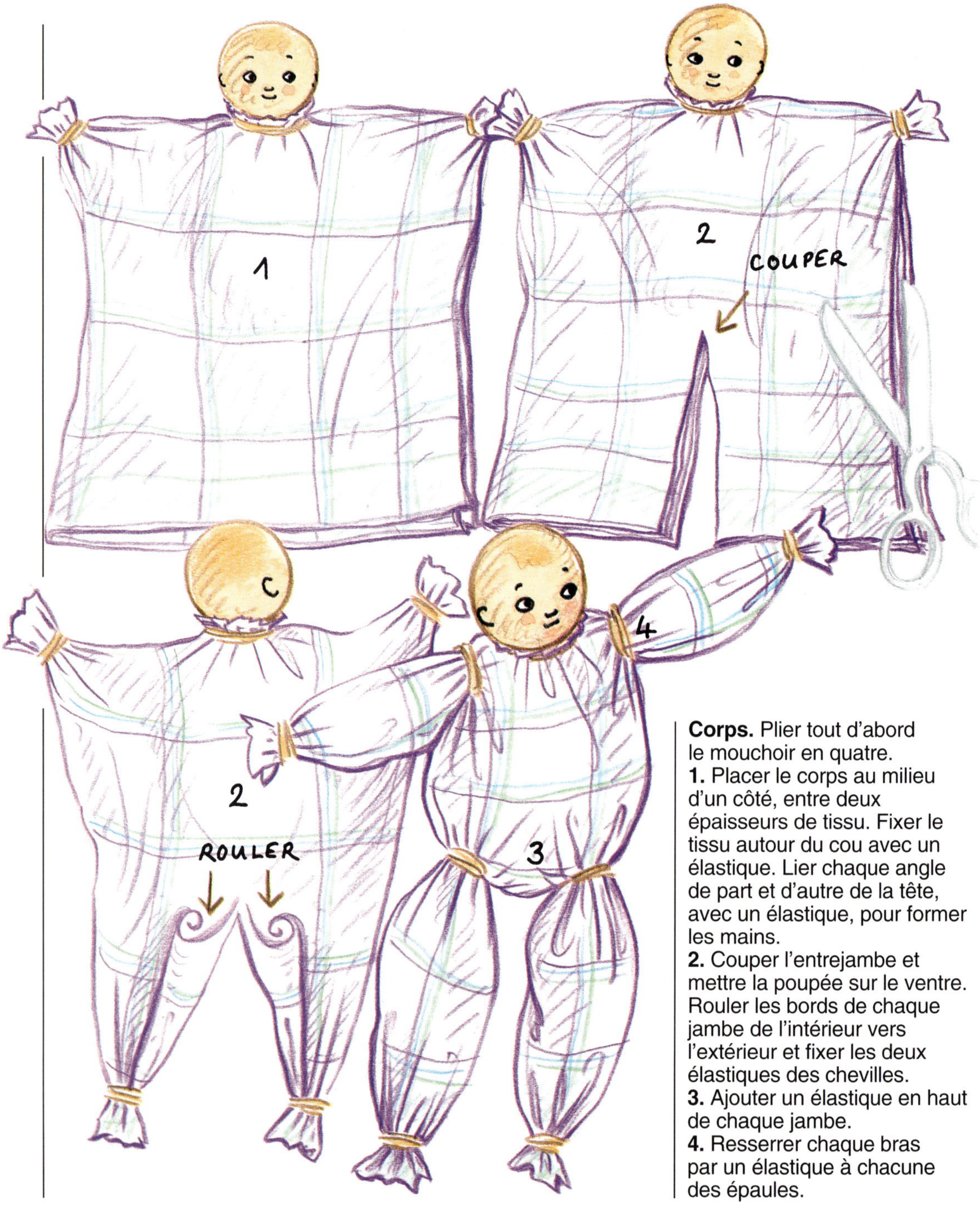

Corps. Plier tout d'abord le mouchoir en quatre.
1. Placer le corps au milieu d'un côté, entre deux épaisseurs de tissu. Fixer le tissu autour du cou avec un élastique. Lier chaque angle de part et d'autre de la tête, avec un élastique, pour former les mains.
2. Couper l'entrejambe et mettre la poupée sur le ventre. Rouler les bords de chaque jambe de l'intérieur vers l'extérieur et fixer les deux élastiques des chevilles.
3. Ajouter un élastique en haut de chaque jambe.
4. Resserrer chaque bras par un élastique à chacune des épaules.

Poupée ailée (12 cm)
Fabriquée sur le même principe, cette petite poupée est faite d'un carré de tissu fluide, non ourlé. Les bras sont rabattus dans l'élastique de l'épaule pour former les ailes. Bras et petits pieds sont fabriqués à part, en pâte à sel : les pieds sont attachés dans les jambes de tissu à l'aide des élastiques mis aux chevilles. Les bras, que l'on peut peindre pour les assortir au vêtement, sont tout simplement collés au niveau des épaules. Le poids des pieds et des bras, en contraste avec la légèreté du tissu, ajoute encore à l'expression corporelle de cette petite poupée.

■ *Poupées sur tiges* *(10 cm)*

Ces poupées peuvent être utilisées comme des marionnettes, ou être piquées dans des vases ou des supports pour décorer des tables de fête, des pièces montées...
À partir de 4 ans pour le principe.

Matériel
Baguettes pour manger du riz pour des poupées de 10 cm,
– piques pour brochettes pour des poupées plus petites.

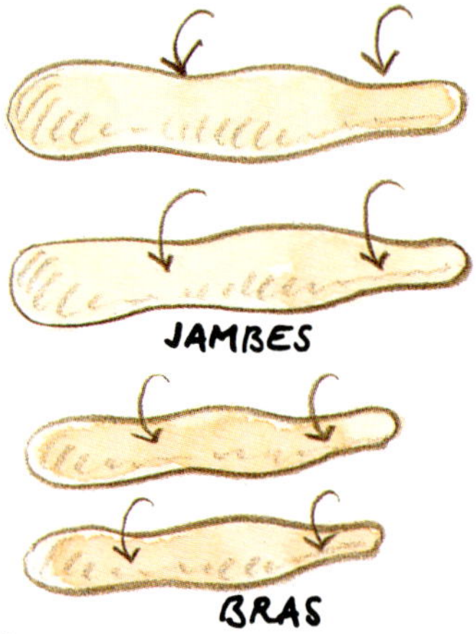

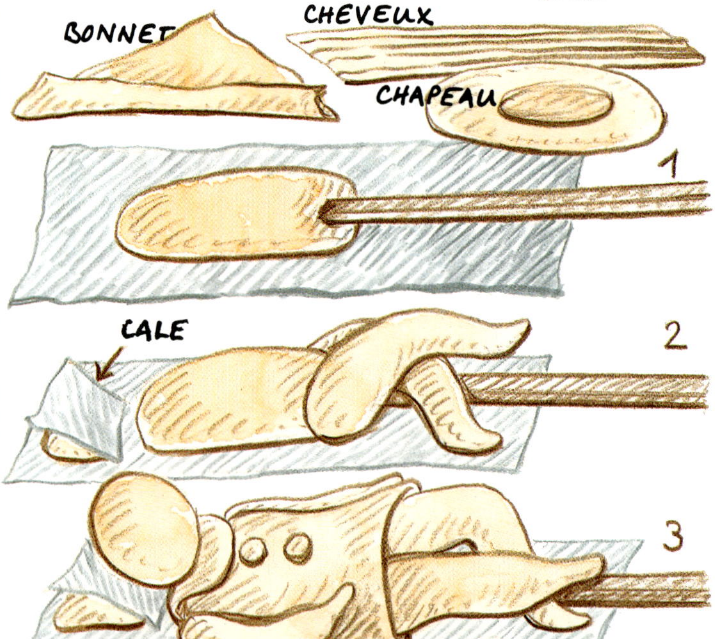

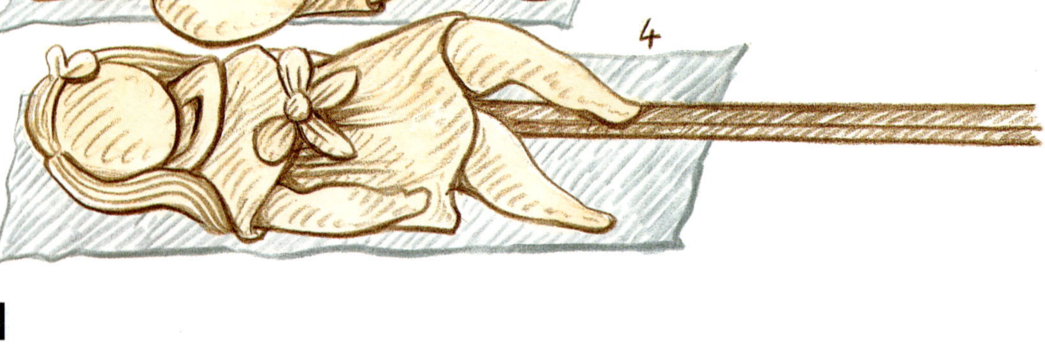

1. Former le ventre à partir d'un morceau de pâte, l'enfiler sur la baguette de bambou. Poser le tout sur une feuille d'aluminium.
2. Préparer les jambes que l'on roule en accentuant, avec l'index, la pression à la hauteur des genoux et des chevilles. Les ajouter au corps. La baguette les empêchant de reposer à plat, elles auront naturellement un mouvement vivant.
3. Habiller le corps avec des vêtements de pâte (veste, pull, manteau, ou robe froncée) toujours prévus larges et soigneusement aplatis. Ajouter les bras et, au besoin, le col.
4. Placer la tête qui sera soutenue à l'aide d'une cale, pour rester à la hauteur du corps. Les cheveux sont faits de pâte striée, le bonnet de pâte aplatie, et le chapeau d'une boule de pâte aplatie et enfoncée avec le doigt pour marquer l'emplacement de la tête.
Cuire une série de sujets, rangés le plus serré possible et tête-bêche, sur la tôle.
Les peindre et les décorer soigneusement. Si l'on n'est pas très habile au pinceau, un petit morceau de tissu léger fera l'affaire pour habiller ces petits personnages.

Poupées sur tiges (10 cm).

Poupées aux bras mobiles (9 cm)

Les bras de ces poupées sont maintenus par un élastique qui les rend mobiles. Les dames sont complétées d'une jupe longue en tissu fixée à la taille.
À partir de 4 ans pour le principe.

Matériel
Pâte à sel bien ferme,
– bâtonnet pointu,
– gros fil de fer,
– élastique deux bandes (mercerie),
– vrille fine,
– grosse aiguille.

Bébé
Former une boule pour la tête, une grosse boule allongée pour le corps. Les assembler en humectant le point de soudure. À l'aide d'un bâtonnet, traverser le corps de part en part au niveau des épaules. Élargir le trou en tournant le bâton dans la pâte. Y glisser alors un morceau de fil de fer pour maintenir l'ouverture durant la cuisson.
Bras. Fabriquer une série de bras légèrement incurvés dans un sens et dans l'autre. Les percer largement à l'épaule. Aplatir légèrement la main et marquer le pouce si l'on veut. Il est intéressant de faire des bras en supplément pour avoir du choix lors du montage.

Dame
Le buste est complété d'un rouleau de pâte qui marque la taille. La jupe de tissu froncé est fixée tout autour avec le fil de fronce, ou encore collée à l'intérieur. Un volume identique sert de col et soutient la tête.

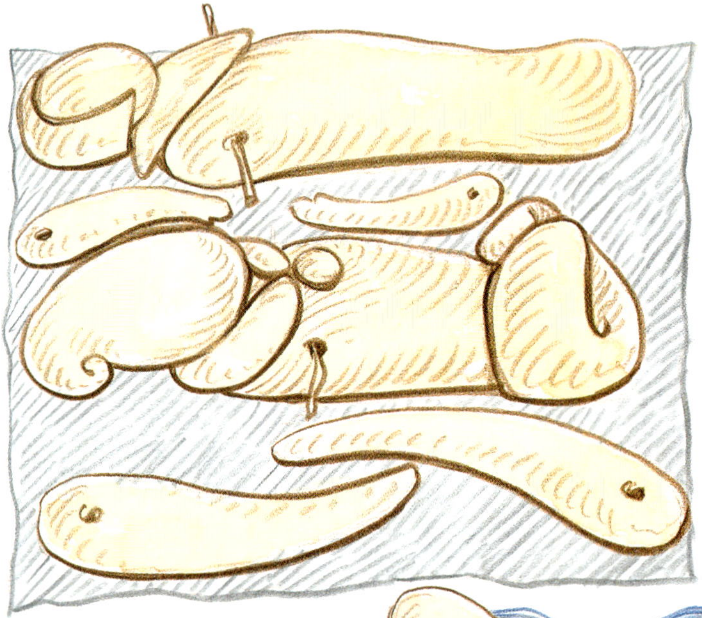

Cuisson et montage. Cuire les sujets en ouvrant de temps à autre le four pour déplacer le fil de fer dans la pâte afin qu'il ne s'y fixe pas. Sortir les bras dès qu'ils sont cuits. Lorsque le corps est cuit, retirer le fil de fer et passer une vrille fine à l'intérieur du trou. Déboucher petit à petit s'il le faut, en prenant garde de ne pas casser le volume.
Essayer les bras et les retailler au besoin avec un couteau.
Passer alors l'élastique dans un bras après avoir formé un double nœud à son extrémité.
Selon l'ouverture dans le corps, une grosse aiguille peut être utile pour passer l'élastique.
Ajouter enfin le deuxième bras et nouer avec un double nœud en étirant bien l'élastique pour que les bras soient bien maintenus.

Couper l'élastique près du nœud, décorer les visages à la plume et peindre les corps et les manches. Pour les dames, ajuster les jupes froncées à l'intérieur ou à l'extérieur du bourrelet de la taille.

Poupées aux bras mobiles (9 cm).

■ *Poupées articulées* *(14 à 15 cm)*

En plus des bras mobiles, ces poupées ont des jambes articulées qui leur permettent de s'asseoir.
À partir de 5 ans.

Matériel
Pâte à sel bien ferme,
– bâtonnet pointu,
– gros fil de fer,
– élastique deux bandes (mercerie),
– petite vrille,
– couteau.

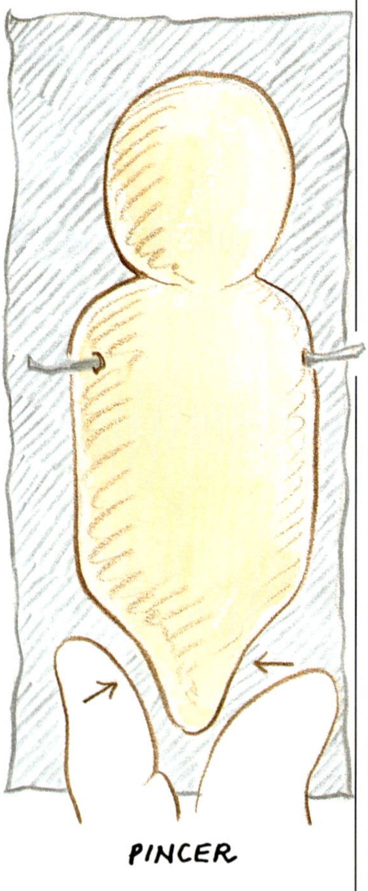

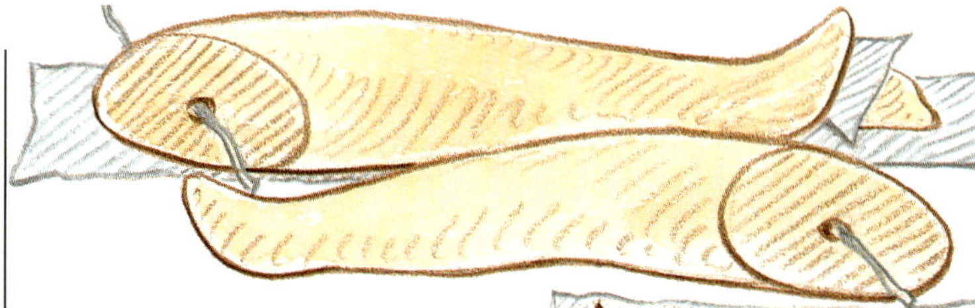

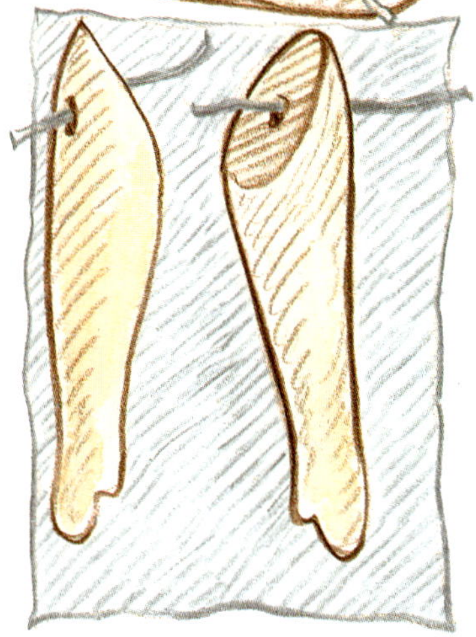

1. Former le corps et la tête avec deux boules de pâte. Si l'on souhaite les faire d'un seul tenant, allonger une boule de pâte de manière suffisante et marquer la taille et le cou. Indiquer les éléments du visage avec un bâton pointu, si on préfère ne pas le peindre après la cuisson.
Pincer le bas du corps avec le pouce et l'index, de façon à former une pointe. Percer le corps au niveau des hanches et au niveau des épaules. Bien écarter la pâte pour élargir le trou et y placer un morceau de fil de fer ; on prendra soin de remuer celui-ci à plusieurs reprises durant la cuisson.
2. Rouler deux morceaux de pâte pour les bras et les jambes. Marquer genoux et coudes, chevilles et poignets. Couper en biais puis percer avec le bâtonnet pointu à l'endroit de la fixation. Maintenir ouvert avec un fil de fer.
3. Cuire en veillant à ce que le fil de fer reste mobile dans la pâte. Dès qu'ils sont cuits et refroidis, essayer les éléments et les retailler au besoin avec un couteau pour les ajuster parfaitement. Passer les élastiques terminés par un double nœud et bien les tendre avant de faire le deuxième double nœud.
4. Peindre ou coller les cheveux (ici, c'est de la ficelle de sisal ébouriffée).

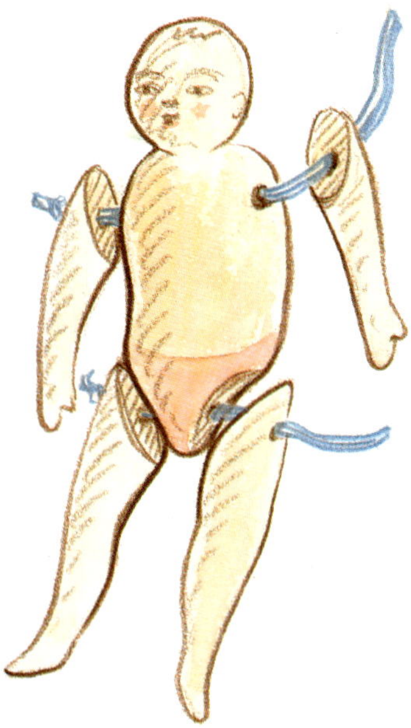

Poupées articulées (14 et 15 cm).

Marionnette à gaine

Cette marionnette peut être réalisée à partir de 5 ans pour le principe. Il est inutile de savoir coudre pour la fabriquer.
On peut utiliser le principe pour faire d'autres personnages ou animaux. Plus la tête est grosse, plus elle est lourde et fatigante à manipuler pour une main d'enfant. Il faut donc établir la taille des éléments en pâte en fonction de la main ouverte : la tête doit tenir dans la paume de la main. On peut aussi placer un bâton dans la tête pour la manipuler sans animer les mains de la marionnette.

Matériel
Pâte à sel bien ferme,
– un peu de bristol,
– aluminium en rouleau,
– couteau,
– élastiques en caoutchouc,
– ficelle de sisal,
– vieille chaussette pour faire le bonnet,
– morceau de tissu d'environ 25 x 45 cm,
– colle,
– fil et aiguille pour une finition soignée.

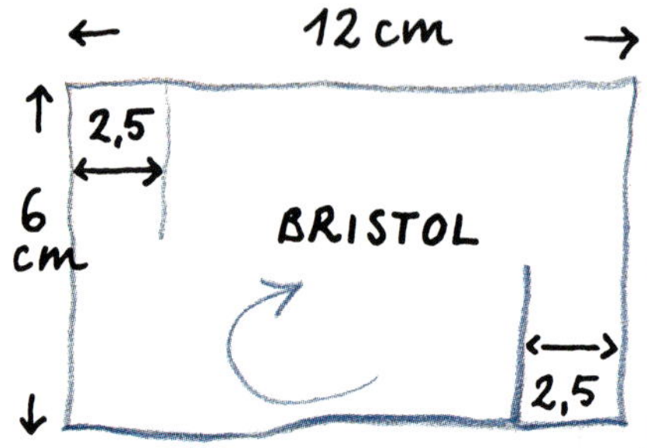

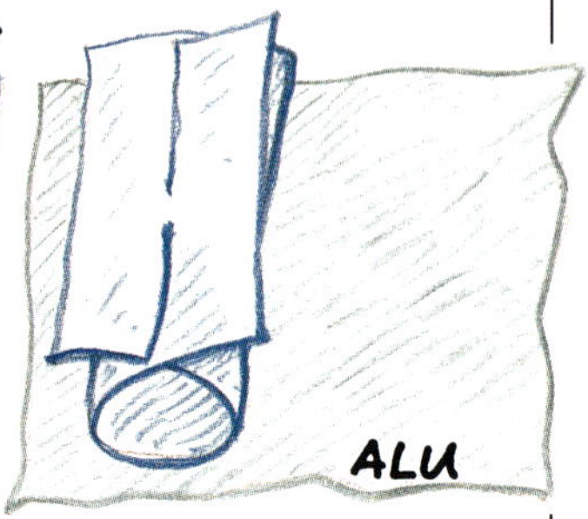

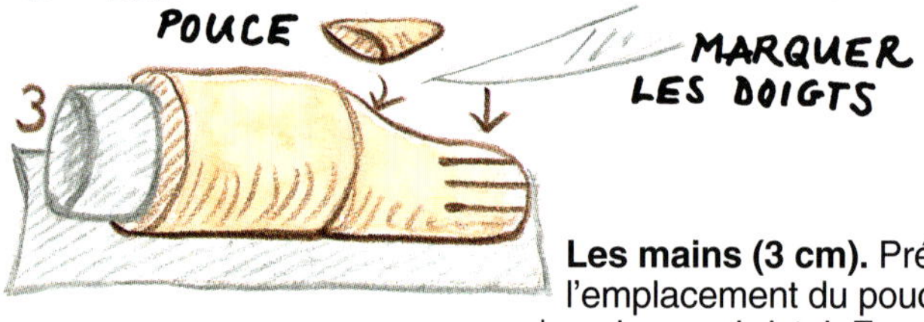

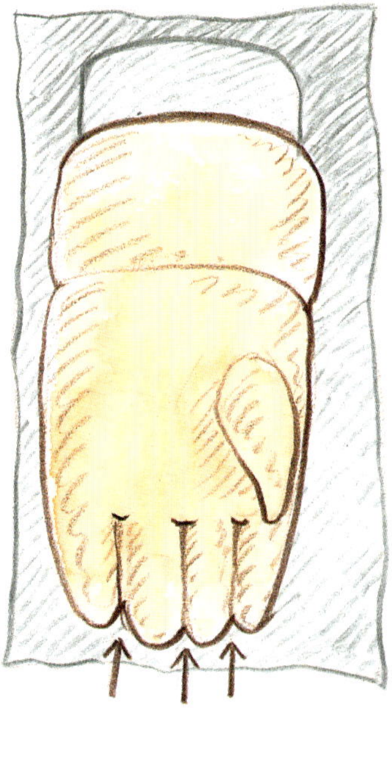

Les mains (3 cm). Préparer l'emplacement du pouce et du majeur en bristol. Former un tube à partir d'un rectangle, et le maintenir par deux encoches encastrées. Recouvrir d'une feuille d'aluminium.
Entourer le tube d'une plaque de pâte de 0,5 cm d'épaisseur. Fermer l'une des extrémités avec une boule : aplatir celle-ci progressivement pour former la main. Marquer les doigts en imprimant profondément la pâte par trois fois avec un couteau. Repousser la pâte avec le couteau, à chaque marque. Allonger une petite boule de pâte pour faire le pouce. Couper en biais une extrémité, humecter celle-ci et fixer le pouce sur le bord intérieur de la main.
Faire l'autre main de la même façon, souder le pouce de l'autre côté.

Marionnette (28 cm).

■ *Marionnette à gaine*

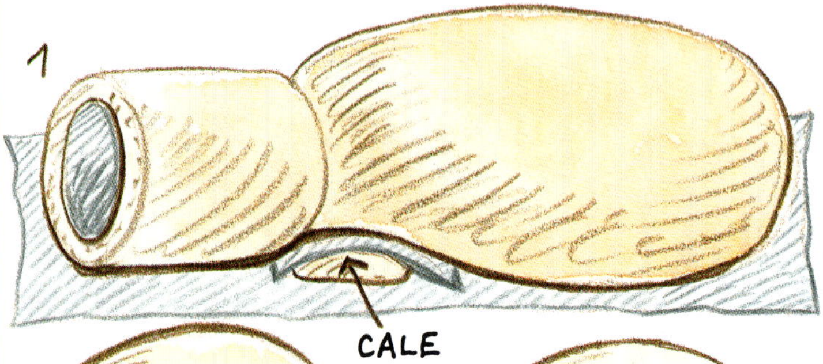

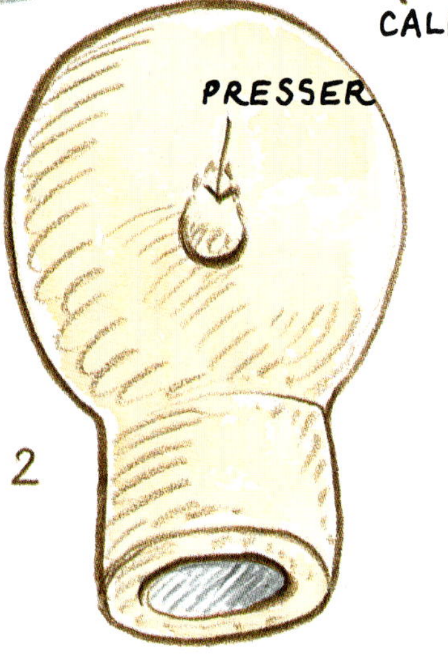

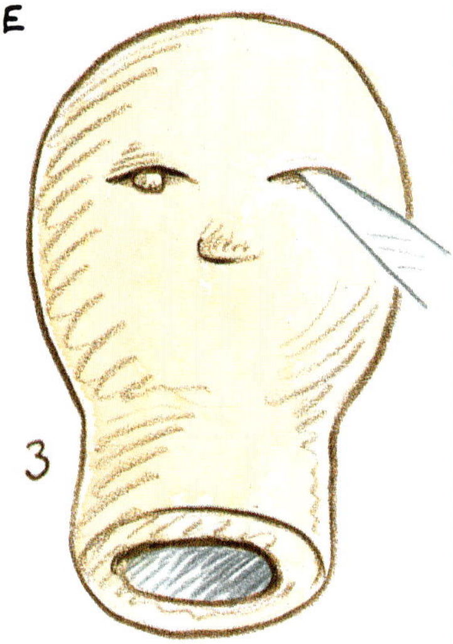

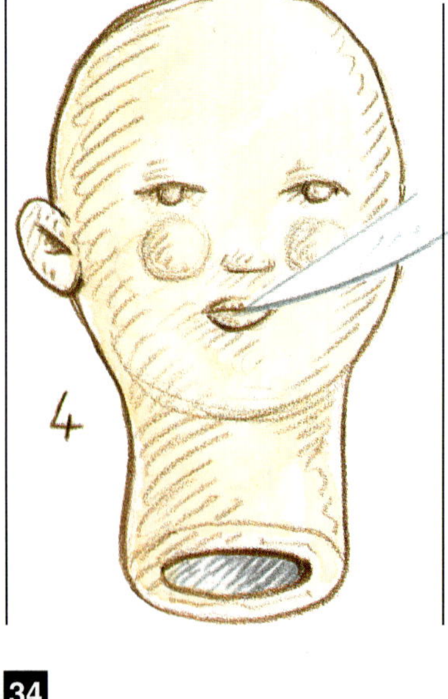

LA TÊTE (6 cm)

Faire le cou de la même façon que les poignets. Ajouter une grosse boule de pâte pour la tête. Humecter le cou pour qu'il se soude correctement et, au besoin, soutenir la nuque avec une cale de pâte pour que le profil de la tête ne soit pas trop plat.

Le nez. Faire une petite boule de pâte et la chauffer dans les doigts pour l'assouplir. L'humecter ensuite et la coller au milieu du visage en appuyant sur la partie supérieure jusqu'à ce qu'elle se fonde dans le visage.

Les yeux. À la pointe du couteau, découper la fente de l'œil, soulever la paupière et ajouter une toute petite boule pour former l'œil.

La bouche. Déposer une petite boule de pâte allongée à l'emplacement de la bouche. La fixer avec la pointe du couteau en laissant une marque horizontale pour séparer les lèvres. Enfoncer plus ou moins pour accentuer le relief.

Les joues et le menton. Fixer des petites pastilles de pâte de part et d'autre de la bouche et sous celle-ci.

Les oreilles. Ce sont de petites boules fixées à la tête avec la pointe du couteau.

Cuisson. Surveiller la cuisson et retirer les mains avant la tête pour que l'ensemble ait la même couleur.
Peindre le menton, les joues et les lèvres avec un rose très léger. Rehausser le blanc de l'œil avec une touche de gouache blanche.

La perruque. Couper quelques brins de ficelle de sisal et les attacher en leur milieu avec du fil solide. Défaire alors la torsion de la ficelle et ébouriffer celle-ci. Placer la perruque sur la tête encollée. Enfiler sur la tête une chaussette par son ouverture, et répartir les cheveux autour du visage. Fermer la chaussette à la longueur désirée, avec un élastique, et couper à 1 cm environ. Couper les cheveux.

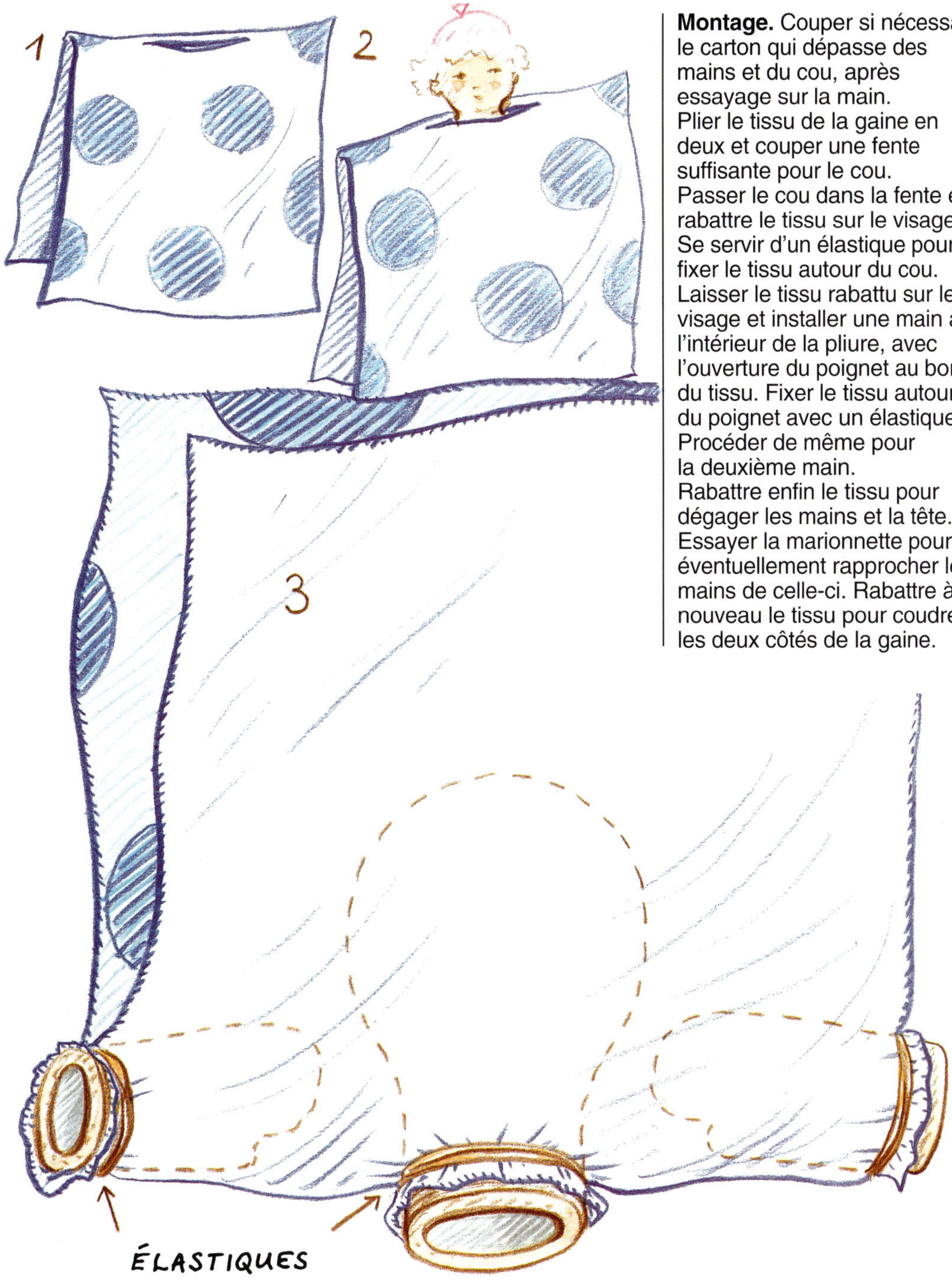

Montage. Couper si nécessaire le carton qui dépasse des mains et du cou, après essayage sur la main.
Plier le tissu de la gaine en deux et couper une fente suffisante pour le cou.
Passer le cou dans la fente et rabattre le tissu sur le visage.
Se servir d'un élastique pour fixer le tissu autour du cou.
Laisser le tissu rabattu sur le visage et installer une main à l'intérieur de la pliure, avec l'ouverture du poignet au bord du tissu. Fixer le tissu autour du poignet avec un élastique.
Procéder de même pour la deuxième main.
Rabattre enfin le tissu pour dégager les mains et la tête.
Essayer la marionnette pour éventuellement rapprocher les mains de celle-ci. Rabattre à nouveau le tissu pour coudre les deux côtés de la gaine.

■ *Poupées souples* *(16 à 22 cm)*

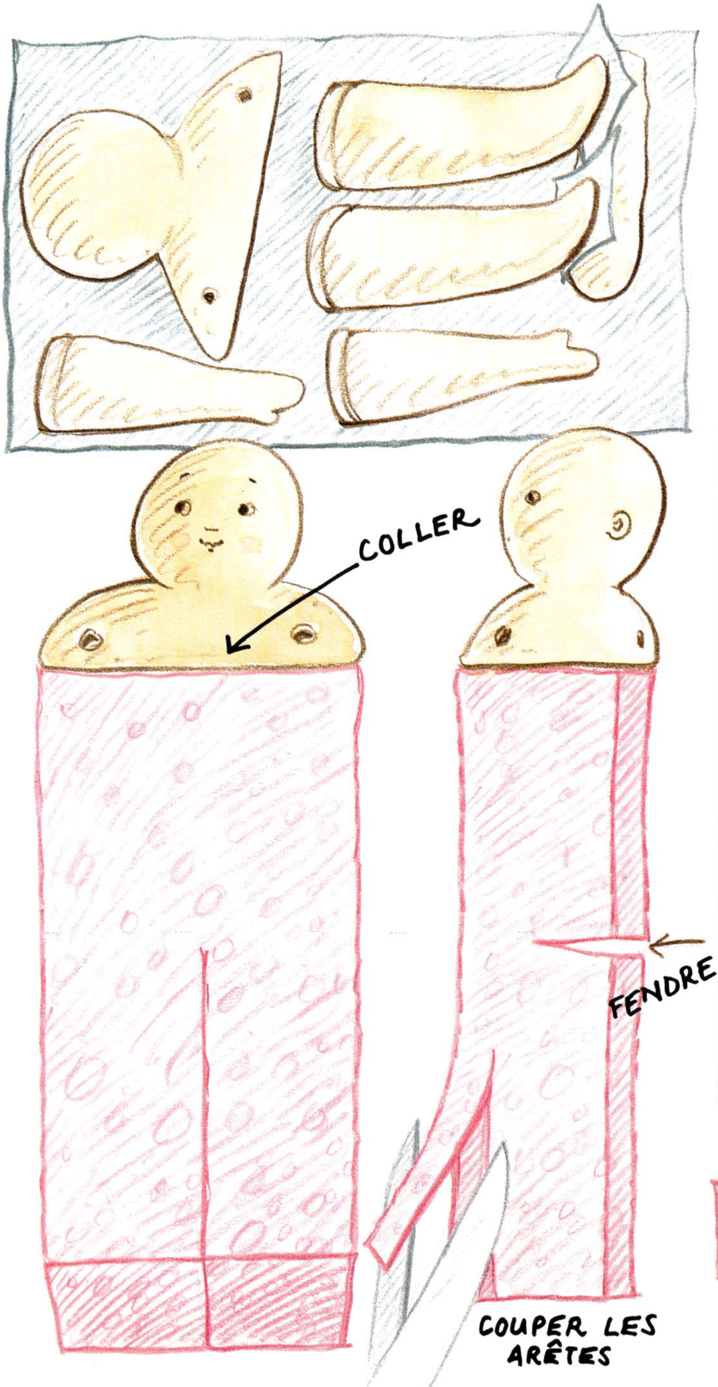

Cette poupée très vivante allie souplesse et tenue. Elle est très facile à réaliser. Les enfants à partir de 4 ans peuvent effectuer le modelage. Il leur faudra de l'aide pour le collage et le montage.

Matériel
Pâte à sel,
– couteau,
– grosse éponge de mousse synthétique (vendue pour les gros travaux ménagers),
– colle instantanée,
– fil et aiguille,
– cutter et ciseaux.

Membres. Façonner les jambes à partir du genou et les bras à partir du coude. Couper l'extrémité et ajouter au bord une petite rainure pour attacher l'habillage de la mousse.

Tête et poitrine. Juxtaposer deux boules de tailles différentes et couper la plus grosse qui forme les épaules et la poitrine. Percer deux trous pour attacher les bras.
Cuire les éléments. Ne pas hésiter à faire des bras et des jambes supplémentaires pour choisir les plus réussis. En cas de fente ou de fissure lors de la cuisson, reboucher avec de la pâte fraîche au sortir du four. Finir le visage et peindre chaussettes et chaussures.

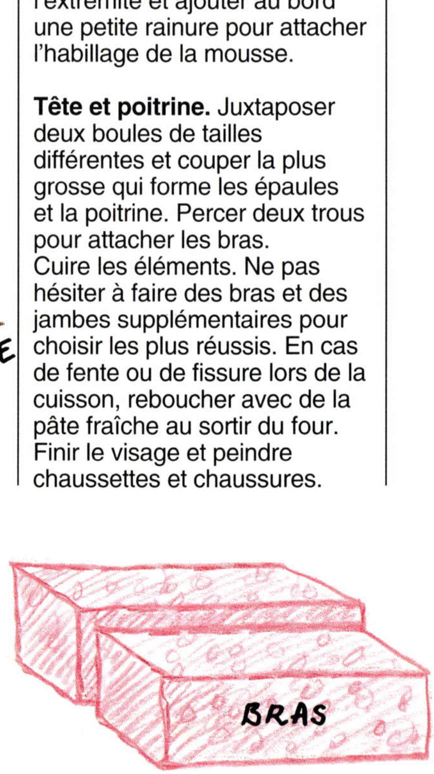

Poupées souples (22 et 16 cm).

■ *Poupées souples*

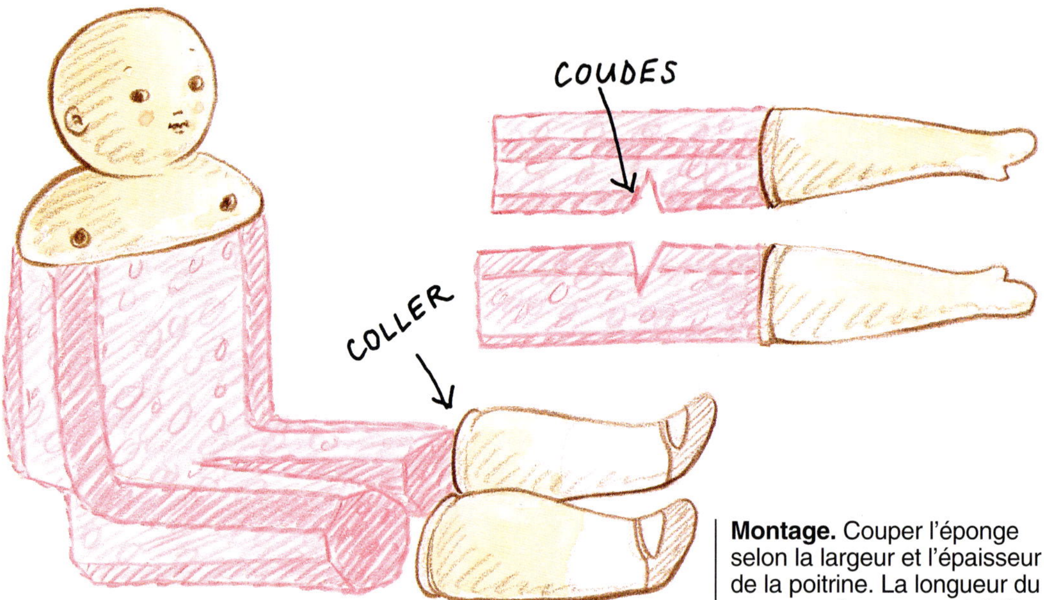

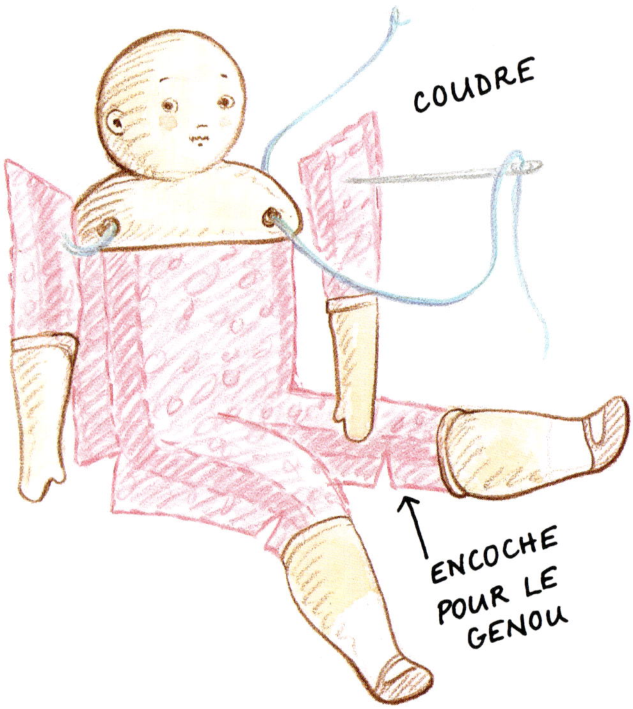

Montage. Couper l'éponge selon la largeur et l'épaisseur de la poitrine. La longueur du morceau de mousse doit être à peu près de deux fois sa largeur.
Étendre un peu de colle instantanée sous le buste et coller aussitôt l'éponge.
Couper l'entrejambe jusqu'à la moitié du rectangle de mousse, puis éliminer toutes les arêtes avec les ciseaux.
Coller les jambes et couper la mousse transversalement avec un cutter à la hauteur des fesses, et ceci sur les deux tiers de l'épaisseur du ventre. La poupée pourra ainsi s'asseoir.

Bras. Couper deux morceaux de mousse de l'épaisseur et de la longueur des avant-bras. Éliminer les arêtes et coller les avant-bras.
Coudre les bras aux trous des épaules, ajouter un peu de colle pour maintenir celles-ci.
Couper une petite encoche dans la mousse pour la pliure du coude.

Visages en relief

Photo page 41.
Voici comment procéder pour obtenir des reliefs discrets sous une surface lisse :
1. Déposer sur le visage des petites boules de pâte pour figurer le relief des yeux, de la bouche, des joues, du menton. Les yeux peuvent aussi être faits de perles de verre (voir la poupée blonde page 41).
2. Recouvrir tout le visage d'une fine plaque de pâte à rabattre derrière la nuque pour qu'elle ne soit pas apparente sur le profil. Doucement, avec le bout du doigt, faire adhérer cette épaisseur de pâte à la tête et aux volumes rajoutés.
3. Avec la pointe du couteau, fendre les paupières et laisser apparaître les yeux. Ouvrir, de la même façon, la bouche en dessinant les lèvres au couteau.

Doigts et orteils

Aplatir l'extrémité des membres si l'on veut indiquer les doigts et les orteils.
Main. Repousser le pouce sur le côté avec la pointe du couteau, ajouter trois marques profondes pour les doigts et repousser à chaque fois la pâte pour festonner le bord de la main. Faire attention de conserver cette partie assez massive et épaisse pour ne pas la rendre fragile.
Pied. Former le pied et séparer les orteils sur une très petite longueur. Repousser la pâte au bout de chaque découpe pour arrondir chaque orteil.

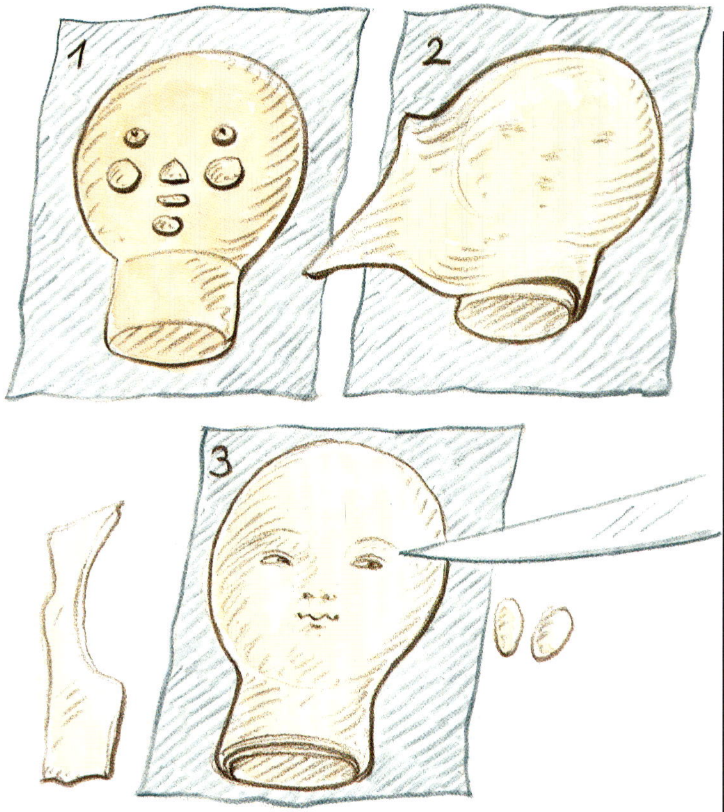

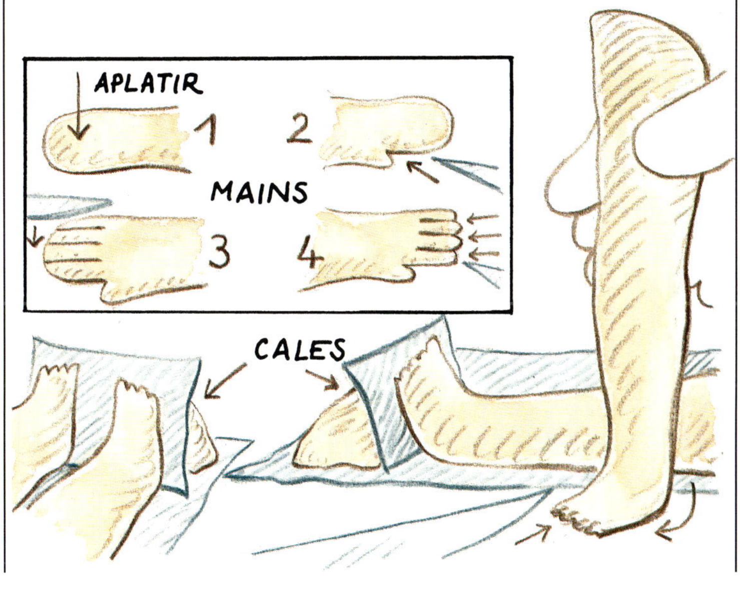

■ *Poupée-sparadrap* (22 cm)

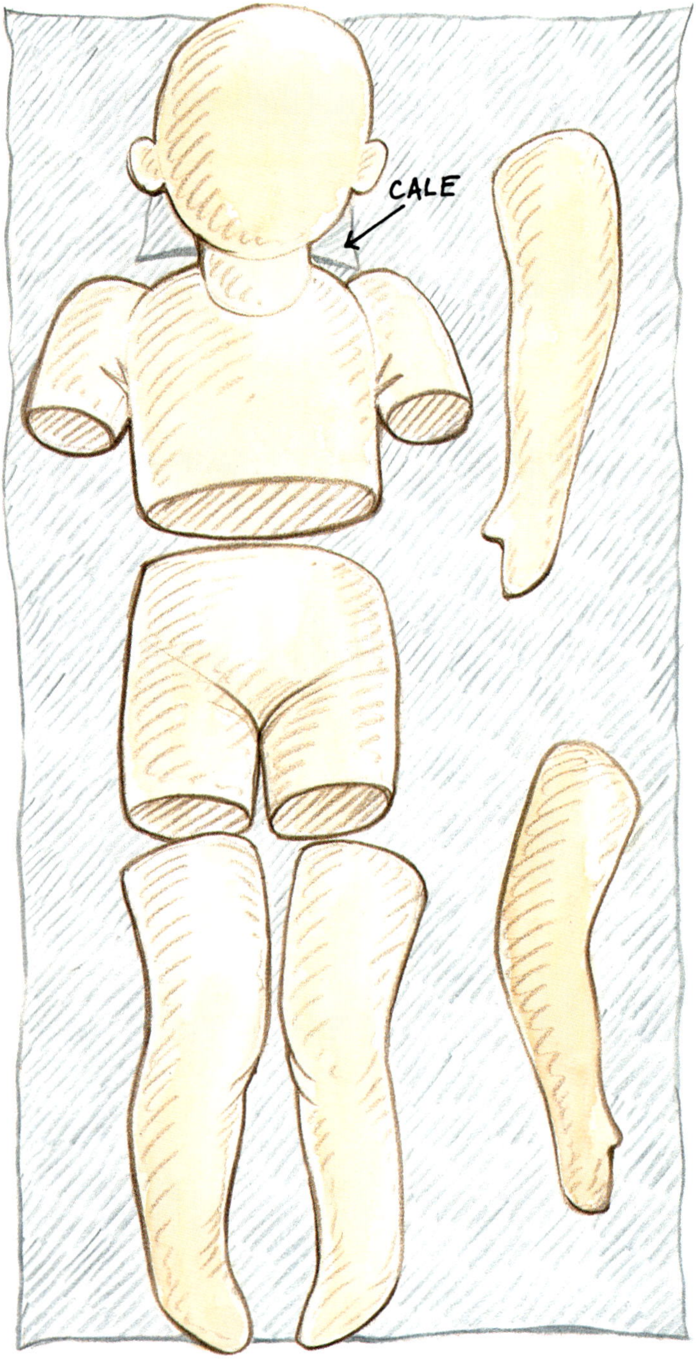

Cette poupée peut être effectuée à partir de 7-8 ans. Elle est faite d'éléments en pâte reliés par du sparadrap préventif pour les ampoules, à fort pouvoir collant, qui ne nécessite pas de ciseaux pour la découpe.
Les articulations se font aux jambes, aux coudes et à la taille.

Matériel
Pâte à sel bien ferme,
– couteau,
– sparadrap « spécial ampoules » en bobine de 5 cm x 2 m,
– bobine de fil pour les cheveux.

1. Former le buste avec la tête et les épaules, que l'on termine par l'amorce des bras.
Former le bas du corps avec le départ des jambes.
Former enfin chaque jambe à partir de la cuisse, et chaque bras à partir du coude.
2. Cuire tous les éléments en les retirant du four au fur et à mesure, dès qu'ils sont cuits. Essayer les articulations, retailler les parties qui ne s'ajustent pas bien.

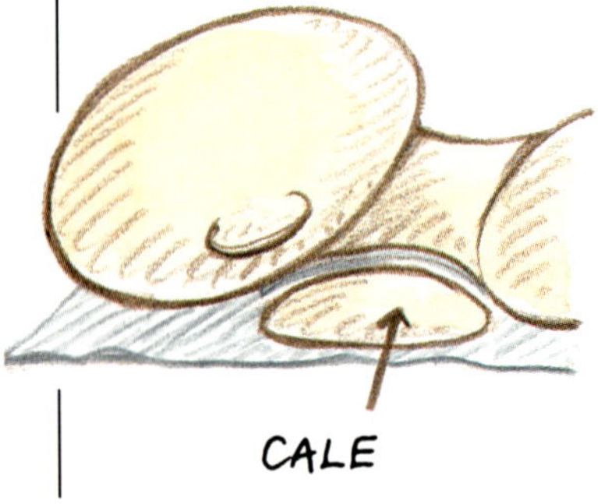

À gauche. Poupée-sparadrap aux cheveux collés (22 cm). À droite. Visages en relief (p. 39). Poupée aux cheveux implantés (p. 43). Poupée aux tresses noires (p. 42 et 45).

■ *Poupée-sparadrap*

3. Commencer par fixer le buste à la taille en posant le sparadrap au dos de la poupée. Les deux éléments doivent être assemblés en restant mobiles ; aussi faut-il laisser de l'espace entre eux. Ajouter un sparadrap sur le ventre, bien le rabattre sur le premier sparadrap. Poser un morceau de sparadrap sous chaque amorce de bras et ajouter le bras à 1 cm de distance. Refermer le sparadrap autour du bras. Poser un sparadrap sous chaque cuisse et ajouter la jambe à 1 cm de distance. Fermer le sparadrap autour de la jambe.

4. Le visage est peint en indiquant les ombres à l'aquarelle légère. Les traits du visage sont dessinés à la plume et à l'encre de Chine.

Cheveux

Cheveux collés (poupée rousse, p. 41 et petite poupée aux cheveux noirs, 16 cm, p. 45) : utiliser du coton à repriser enroulé sur un morceau de carton de la longueur désirée, sur une bonne épaisseur. Lier bien serré avec le même fil d'un côté du carton et couper de l'autre côté. Ouvrir les cheveux en étoile et coller la perruque ainsi réalisée sur la tête. Tailler la frange et égaliser les cheveux aux ciseaux.

POUPÉE AUX TRESSES NOIRES (22 cm, p. 41 et 45)

Utiliser un cordon tressé synthétique que l'on détord sur une certaine longueur. Mesurer pour chaque tresse la longueur nécessaire de l'oreille au milieu du crâne, et nouer solidement les deux parties de la chevelure. Coller sur le haut du crâne en cachant le raccord des cheveux à l'arrière. Coller ensuite les cheveux jusqu'aux oreilles, ajouter enfin un toupet de cheveux pour la frange.

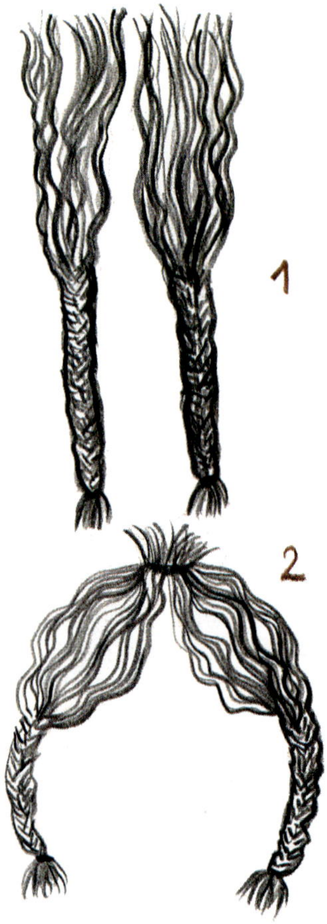

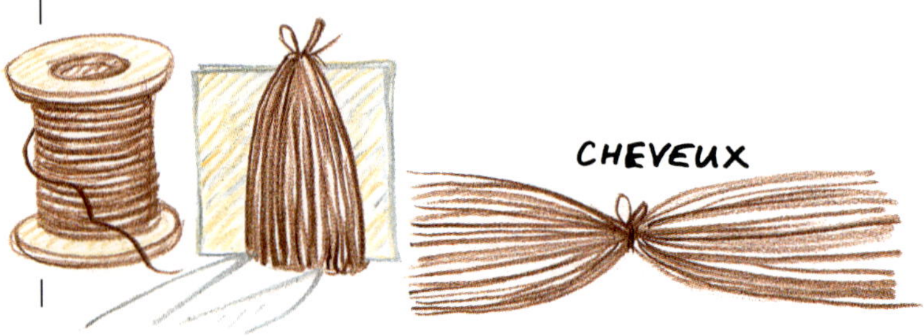

CHEVEUX IMPLANTÉS (poupée blonde, 22 cm)

1. Couper quelques brins de ficelle de sisal et les enfoncer dans la pâte de la nuque, en commençant par le bas. Avec la pointe du couteau, ouvrir la pâte et la refermer à chaque fois sur le brin de ficelle de façon à bien le bloquer. Une dizaine de brins suffiront pour une chevelure volumineuse, puisqu'on ébouriffera la ficelle après la cuisson.
2. Rassembler ensuite les cheveux implantés et les emballer dans un morceau d'aluminium durant la cuisson, pour qu'ils ne roussissent pas trop.
3. Après la cuisson, détordre chaque brin de ficelle pour multiplier les cheveux. Coiffer et recouper au besoin. Ajouter, si l'on veut, une frange collée sur le haut du front.

PETITE POUPÉE DE MOUSSE AUX CHEVEUX NOIRS (16 cm, p. 45)

La mousse peut ensuite être entièrement recouverte d'un sparadrap préventif pour les ampoules (anti-frottement), très large (5 cm) et très collant, se découpant sans ciseaux. Dans ce cas, il faut recouvrir aussi l'intérieur des pliures si l'on veut conserver les articulations. Poser le sparadrap à cheval sur la pâte et la mousse. Lorsque la mousse est entièrement recouverte, la poupée est souple et solide, et attend d'être habillée.

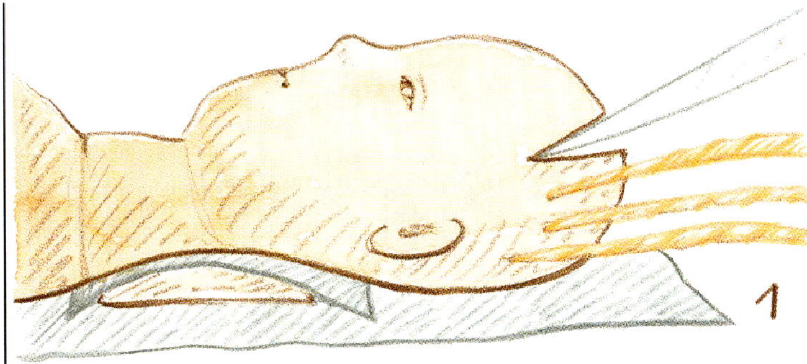

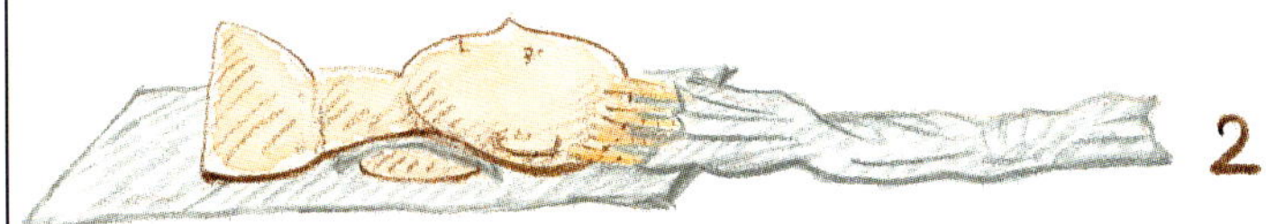

■ Habillage et finitions

À partir de 5 ans avec un peu d'aide. Peu de couture, pas d'ourlet.

Matériel
Vieilles chaussettes à côtes ou bande tricotée,
– fil et aiguille,
– ciseaux.

1. Enfiler la chaussette sur la poupée et mesurer la longueur des jambes. Retirer la chaussette, couper et coudre l'entrejambe avec un simple point glissé.

2. Enfiler à nouveau la chaussette et finir l'habillage sur la poupée : couper le haut de la chaussette en son milieu jusqu'à la base du cou et rabattre les deux parties du tricot de chaque côté de la tête. On peut alors, en étirant bien les côtes, former les manches en cousant directement le tricot sur la poupée.

À gauche. Poupée souple aux tresses noires (22 cm).
À droite. Petite poupée de mousse recouverte de sparadrap (16 cm) puis habillée d'une chaussette.

■ Habillage et finitions

3. On peut aussi ajouter des manches, faites d'un rectangle, avec un point glissé. On évitera les ourlets en roulant le bord du tricot sur lui-même, après avoir fixé celui-ci dans la rainure du bras ou de la jambe, avec du fil noué bien serré.
Et puis, si l'on sait coudre et tricoter, ces poupées n'attendent que d'être habillées avec de vrais habits.

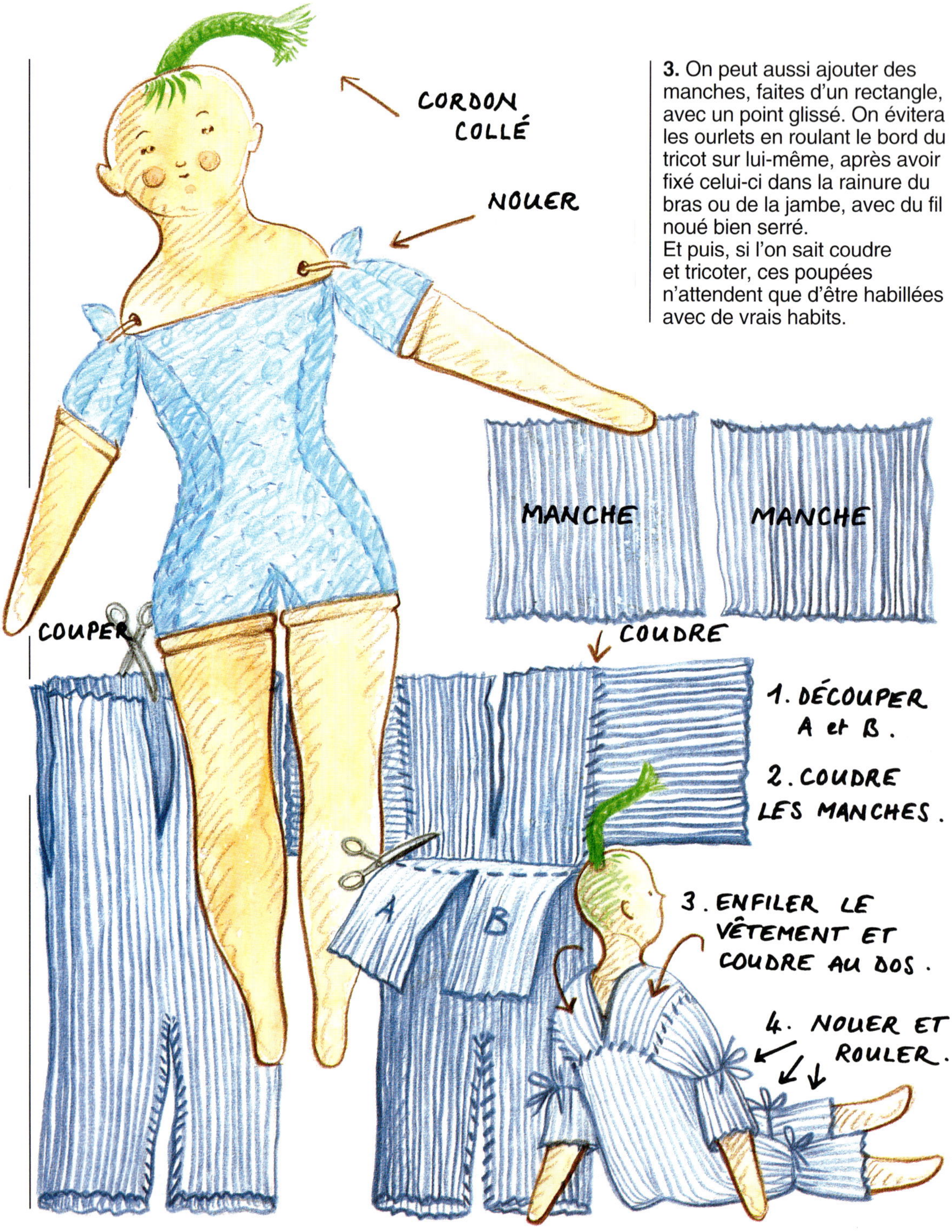

L'auteur

Institutrice en maternelle, Catherine Baillaud expérimente depuis des années la richesse créative de la pâte à sel avec de très petits enfants. Elle anime également des ateliers d'adultes et d'enfants de tous âges. S'appuyant sur cette expérience sur le terrain, elle a publié plusieurs livres sur la pâte à sel et le modelage aux Éditions Fleurus, qui sont devenus des références.
Depuis 1989, elle expose chaque année à la maison de la Culture de Metz où elle anime des ateliers auprès d'adultes. Elle y préside le concours annuel de modelage en pâte à sel qui est devenu l'une des manifestations rituelles de la ville.
Ses modelages de pâte à sel sont régulièrement exposés, par exemple sous le péristyle de l'Hôtel de Ville de Metz en décembre 1993, à la 6e exposition de prestige de crèches et santons de Provence de Sisteron (Haute-Provence) ou au Bon Marché à Paris.
Elle participe avec succès aux concours de santons en Provence, et a obtenu :
le prix spécial du Jury au Melchior 1991,
le deuxième prix Melchior 1992,
et le prix spécial du Jury en 1993.

Les poupées sont mises en scène dans du pain provenant de la boulangerie Antoine Arnold à Barthenheim (68870).

■ *Table des matières*

Dépôt légal : septembre 1996
Imprimé en France par Pollina
ISBN 2-215-02212-4
ISSN 0989-4381
1re édition - N° d'impression : 70346 D